从历史看时代转移

TIME SHIFT FROM THE VIEW OF HISTORY

[美] 许倬云 — 著

SPM 南方传媒 | 广东人民出版社
·广州·

图书在版编目（CIP）数据

从历史看时代转移 / (美) 许倬云著 . -- 广州 : 广东人民出版社，2025. 3 (2026. 3 重印). -- ISBN 978-7-218-18163-9

Ⅰ. K209

中国国家版本馆 CIP 数据核字第 2024ZP7154 号

CONG LISHI KAN SHIDAI ZHUANYI

从 历 史 看 时 代 转 移

[美] 许倬云　著

出 版 人：肖风华

统筹策划：肖风华
责任编辑：钱飞遥　胡吕乔
特约策划：一道光 · 宋厚亮
文字编辑：吴　丹
责任技编：吴彦斌

出版发行：广东人民出版社
地　　址：广州市越秀区大沙头四马路10号（邮政编码：510199）
电　　话：（020）85716809（总编室）
传　　真：（020）83289585
网　　址：https://www.gdpph.com
印　　刷：广东鹏腾宇文化创新有限公司
开　　本：890 mm × 1240 mm　1/32
印　　张：7.75　　**字　　数**：135千
版　　次：2025年3月第1版
印　　次：2026年3月第2次印刷
定　　价：68.00元

如发现印装质量问题，影响阅读，请与出版社（020-87712513）联系调换。
售书热线：（020）87715147

总序

寻找中国的企业家精神

这一套书，撰写的目的，就是针对中国的企业家，提出中国管理学、经营学的观念。我意不在为中国的文化张目，而是对中国传统的经营学、管理学发展的来龙去脉有所交代。三十年前，在撰写过程中，台湾地区的经济正在起飞，当时洪建全教育文化基金会的主持人简静惠女士，约我对那些企业家做一系列的谈话，分析中国几千年来企业界如何处理自己的问题。

开宗明义，我必须先做解释：这几本书涉及的资料，几乎都在政府组织的范畴，我引用这些材料，意在讨论企业界面临的课题。管理类似治国，而不是治国；经营类似作战，而又不是作战。管理，乃编组由专业人才组成的工作团队，俾得有效的经营；经营，乃取得必须具备的信息，了解其反映的意义，驾驭形势，有效运用资源，获得最大的合理利润。管理异于治国，因为治国求安定，而企业的团队，则必须能发挥高度机动性；经营异于作战，因为作战目的在克敌制胜，而经营的目的却在赢得最大可能的同业合作和协助，开拓最多的客户与市场，博取最大盈利。经营，必须以内外“和”谐为贵，不在克“敌”求胜。经营之道，最需顺应形势，避免逆势，以致劳而无功。盼望读者朋友们体会这些观念，从这几本拙著中撷取内涵，其运用之道则在乎一心。其实，本篇序文陈述的内容，也大多是在历史上出现过，有利于当今企业发展的情势，以及中国传统企业界长期尊敬持守的行为规范。我的讨论，既不是深文高调，更不是“武林秘籍”，只是一些平常见识而已。

长久以来，学者们都以为世界的管理学和经营学是以地中海周边为起源，发展形成了一套特殊制度。欧美挟其工业革命和资本主义经济发展的威风，席卷世界市场，于是，大家以为它们那一套管理学和经营学，乃是最先进也是最完备的。然而，从历史追溯发展的途径，这一套管理学和经营学，自17世纪以后，本身经历了许多变化，现代资本主义市场经济的企业，并不是落地就拥有完美的制度。再从别处历史来看，在中世纪晚期，迄于西方力量压过伊斯兰教时，伊斯兰世界也曾拥有强大的经济实力，其商业版图笼罩地中海到印度洋，以及大半个欧亚大陆。

再从比较近代的历史来看，日本资本主义市场经济的发展，是在19世纪后期才突飞猛进的。一方面，他们从欧美学习近代企业文化；另一方面，日本的企业界也拥有一些自己的发展特色。以其中著名的案例言之，松下系统——这个庞大的企业集团，其本身的管理精神，就是将中国的儒家阳明学与佛家禅宗的精神结合，转型为松下的管理方式。他们有一个“松下塾”，经常在此机构训练自己的干部。

中国的企业发展，有两千多年的历史。在春秋时代，五霸之首齐国进行整体的改革，将封建制的管理转化为在国家体系下的专业管理。《管子》这部书，不一定是管子自己撰述的，可能是由不同的学者，将齐国发展的历程和后来的主要特色总结集合而成的。齐国的那段经验，是在庄园经济以外开拓了市场经济（原文如此。指相对自由的商品化经济——编者注），这使得齐国的国力不是仅仅立足于土地的农业生产，而是以其国民相当部分力量投入专业的生产，例如海产和盐业，以外销换取利润，支撑诸侯国的整体发展。

战国时代，列国纷争中，诸国都想要尽可能发展自己的实力，仅仅依仗土地的收入是不够的。而且因为列国本身不断开拓疆土，也开发非农资源，以此转化为财富，用来维持国家继续发展，俾得本国在列国竞争之中争取有利的地位。这些国家，是在列国体制之下发展“国际交易”。在中国广大经济网内，列国之间既有竞争，也彼此依靠，这其实和十八九世纪以后，欧美世界领导的资本主义发展形态颇有类似之处。

战国以后，秦代以及汉初，从《史记·货殖列传》和《汉书·食货志》可以看到，以城市为基础的作坊生产、运输业和零售业，都已有相当规模。活泼的经济和都市化，两者之间有惊人的关联性。举例言之，以零售熟食为业的商人，竟富可敌国，宛若今日的麦当劳。

中国经济在汉代以后，有一个长期的停滞，市场经济转化为实物经济。唐、宋时期，中国才有经济领域的巨大变化：货币代替实物，又成为交易的主要媒介。在唐代大帝国的安定环境之下，地区间的贸易交流获得强大的活力。举例言之，这个时期，为了国内货物的交流，国家设立了专门监督和管理资源流通的转运使。宋代经济特色，乃是有一些专业的榷场与作坊。这些榷场和作坊一部分是国家的专利，一部分是由国家掌管相当部分的经营，生产的货物包括钢铁、瓷器、五金用具、茶、酒类等。这些国营或半国营的企业，拥有一批专业的管理人员和技术人员。据我一位老同学郝若贝（Robert Hartwell，美国著名汉学家、历史学家）从《宋会要辑稿》中统计，当时中国的钢铁产量超过全世界总产量的一半。宋代，尤其是南宋时期，其海外贸易的收入支撑了半壁江山，居然使南宋富足繁荣百余年。这些国营企业和半官营的海上贸易，都具有利用专才的特色，其专业的知识和能力不是一般商业可以提供的。

明清时代，尤其是16世纪以后，美洲的白银流入中国，中国地区的经济，正如欧洲经济一样，因为以白银作为货币，出现所谓“价格革命”的现象，刺激经济快速发展。虽然欧洲人，尤其是西班牙、葡萄牙、荷兰、英国的人，前后掠夺美洲财富，成为最大的赢家，中国却吸收了美洲白银相当大的一部分，扩大了内需市场的规模。

明初永乐年间，郑和六次下西洋的大局，实际上已经将中国与印度洋之间的海陆交通连接成为海上的康庄大道。但永乐以后，中国采取闭关政策，不再有官方主持的海上贸易。那些“海商集团”，乃是沿海居民自己发展的私下贸易，将中国的商货转贩给欧洲商舶。当时，其实已有相当数量居住在海外的中国商人，建立了国际贸易的基地，但是明廷并不鼓励，而且还将这些商人视同海寇，加以惩罚。虽然形势如此诡异，中国的企业界还是有相当程度的肆应之道。那些“海商集团”挟其白银收入，在各处设立收购商货的据点，将货物转运到港口，然后与西方商舶交易。仅白银和官方发行的铜币二者间的兑换，就是相当复杂的经济行为。在这种情况下，明代后半期出现了许多长袖善舞的大商人，他们以政府无法管制的贵金属，兑换官方发行的铜币取得厚利，再从货物的收购和转运之中一层一层地获取利润。

明代商人，以汪道昆为例，交游广阔，其经营企业的范围跨越不同行业。很多商人也都受过相当好的教育，在从事企业经营的过程之中，他们将儒家的人际关系和彼此尊重等理念灌注于企业经营的过程。明清两代，安徽的典当铺和钱庄、山西的票号，许多都是跨越数百年的大企业。除了这种以货币兑换和汇兑为专业的金融业，清代还出现了一些老字号，各自在其专业的范围之内发展规模庞大的企业。例如，丝绸布料的商号“瑞蚨祥”、制药业的“同仁堂”和几家山西的著名票号，如“日升昌”等，它们专注于经营一种事业，可是分号遍布全国。那些零售业的大商家定下的货品标准和价格，包括收购原料、产品的价格以及零售的价格，都有全国同行追随。同一行企业设立统一标准的现象，并不受政府的约束，而是由市场本身的调节得以确认和肯定的。市场经济本身的规律，可以说已经相当现代化。山西票号和安徽的钱庄，灵活地运用不同地区间的汇兑差额，以及货币的充盈或不足，将其转化为采购货物、转运、零售的机制。它们也参与国际贸易，比如北路茶叶的外销，其终点是东欧与北欧。由于票号是专家经营，世世代代通过学徒制度训练自己的职员，这些国际贸易的经验才能够达到如此高的标准。

这些“儒商精神”，在企业内表现为重视从业人员本身的企业道德，职员忠于企业，企业照顾职员的终生。它们也注重严格的考绩，以决定奖惩。它们的企业精神以“同仁堂”为典型，“同仁堂”标榜“修合无人见，存心有天知”，以自我警戒的敬业精神，坚持专业制药的水平。这些大商家都拥有庞大的财力，它们会尽力扶助中盘和各处的零售同业，编织一个同业之间的巨大网络。在网络内，同业之间遵守同样的企业精神，保证诚信和服务质量。企业界与政府之间也有互动关系。例如，清代中叶以后，凡有国家大事，都有这些大商家接下挹注的任务。江浙的商号“胡庆余堂”的主持人是“红顶商人”胡雪岩，他就曾经承担左宗棠大军的后勤业务。

清代晚期，国家把在各处征收的税收汇集到中央，再由中央分散到地方，支付全国政务费用。这一工作并不经由类似中央银行的机构处理，而常常由这些大商号执行。官商之间的关系并不是私人利益的结合，而是商家在合理的利润之下替政府完成转运的工作。这些大商家通常都会担起地方社会福利的任务，救苦济贫也是从自己的小区开始，同业之间，他们对需要帮助的同业人员，通常给予必要的援助。

中国式的儒商精神，其实比韦伯所谓的“新教伦理”并不逊色，反而更多一些人情味。这种儒商精神并不立足于对上帝的敬畏，而是建立在人对自己良心负责之上。

自19世纪末期五口通商以后，中国一步步卷入世界经济圈。今日所谓全球化的经济，其实不是20世纪突发的现象，而是自古以来逐步产生的长程演变。在最近这一个半世纪内，中国卷入世界经济。20世纪的前半段，以沿海几个大商铺为中心，中国传统的企业家与归国留学生，以及外商的买办，彼此观摩合作，逐渐形成中国式的现代企业伦理。以我自己比较熟悉的现象为例：我的故乡无锡，是中国近代纺织业与面粉业的中心。有几家无锡的企业，虽然以上海作为发展中心，但它们的分厂和分店却遍设全国。山东、湖北的企业家在发展同样的企业时，往往从无锡的同业间借才，聘用无锡的专业人员，建设他们自己的工厂。无锡荣家的起家，是由于他们能灵活使用无锡当地的“仓厅业”（米市的存积）和加工蚕丝的茧行，将本来可能闲置的资金用于开展新的机器工业。他们将学徒制度和专业的学校训练合并为一，培养了一大批有用的干部。这些地方的从业人员有一定的家庭背景，由于家庭之间彼此监督和观摩，荣家企业的干部必须遵守一定的行为规范。他们自己从业的精神以诚信为主，求利反而在其次。他们也知道怎么利用广大的人脉编组信息网，收集世界和国内的商情和市价，企业总部得以借此决定筹划长远规划和近期的政策。20世纪前半段，中国现代化的企业已经具有自己的经营特色。上海、广州、天津的华商，其经营的层级和效率都达到了世界级的水准，无须从西方学习“现代企业管理方法”。

中国现代企业的发展，自1949年以后，也划分出两条路径。台湾地区从20世纪70年代开始经济起飞，其实依仗的并不是从西方学习的经验，而是当地企业家的长期探索。一方面延续20世纪前半段在沿海商业都市发展过程中积累的经验；另一方面，台湾地区的企业界也学习日据时期日本发展现代企业的精神。二者彼此扶掖，台湾地区才能够在不到二十年的时间内迅速地完成企业的现代化。这也使得台湾地区的经济跻身于世界经济的前列。中国大陆的经济，在过去半个世纪，经历了一些波折和探索，逐渐回到市场经济应有的经营方式。今天，中国大陆经济快速发展，也取得了傲人的成绩。无可讳言，在这段发展历程中，政府的主导是重要的因素。同时，最近这二三十年来，民间自动自发经营，已经逐渐建设出一定规模的民营企业。

在这个时期，世界经济也发生了很大的转变。一方面，由于科技发展，人们开发了许多新的资源，也发明了许多新的技术，以生产新的产品；另一方面，因应全球化的需求，信息的流动促进了物资和资金之间的流动。凡此都是全新的现象，中国企业界，尤其是民营企业家这个群体，在这方面学习的速度颇为惊人。我们可以瞻见的前途是，世界的大企业，将逐渐从“一条龙”式的经营切割为分段的转包，如此形式将有利于每一个经营的环节。会有许多专业团队，在信息流动的条件下，参与物流和全球经济的不断重组。这一趋向和中国唐、宋以后出现的现象，其实相当类似。

前述明清时代大商家的经营，同行之间的互济和一层层的分包，都是常见的现象。以当时信息流通的条件，它们尽其所能，快速地将信息传递到有关单位。它们分担风险的方式，因为同行之间的互助以及跨行企业的合作，实际上也已具有共同保险的形式和精神。以上这些发展，与中国自己过去长程发展的传统相吻合，今后，大概可以很容易地蜕变为中国式的经营方式，有望在世界的企业文化中独树一帜。

我们尤须注意：中国过去建立了良好的信誉，直至20世纪的上半叶，中国商人的商誉乃是世界著名的。中国企业内部的协调和互助，以及企业与雇员之间的关系，也是出名地和谐。但在利润驱使下，某些企业只注重短期经济效益，或使用次级原料，或在制造过程中偷工减料，使得“中国制造”形象受损。中国企业界中的某些人应为此汗颜。中国品牌在全球舞台上已取得了显著成就，如何重塑“中国制造”的价值，就看中国的企业家能不能从过去汲取经验，重塑“对得起良心”的人本精神。

这几本书合在一起，写作完成距今已经二十多年了，而当时的读者对象是台湾地区的企业界。此次在中国大陆重新出版，正当中国的企业要迈开大步向前发展的阶段，谨以这篇序文，诚恳地陈述我对于中国企业界的期盼。正因为爱之深，才言之切，国人当能谅解海外中国老人的苦衷。

许倬云序于美国匹兹堡

2016年7月7日那一个不能忘记的日期

再版自序

寻找走出迷宫的路

《从历史看时代转移》是2000年出版的，其中收集了1998—1999年间在台北洪建全教育文化基金会的讲演记录，算起来距今也已七八年了。那时候，世界情势的巨大变化，已经在进行之中，只是近年来各种变化的幅度更大，程度更剧烈。当时讨论时，主题是对历史的回顾，对未来的展望，仅仅点到为止，未予申论。这篇新序，或可在瞻望未来方面，为本书做一些补充。

今天世界各地都面临的巨大变化，一是经济方面的全球化，一是以科技发展为基础的知识经济。二者之间彼此影响，又牵动文化层面的深层转变。凡此都将在下一个时代，使人类的生活方式产生根本性的变化。

两千余年来，世界各地的人们都经历了由采集食物到生产食物的革命；在蒸汽机被发明后，又出现了不再依赖人力畜力而依赖热能推动生产工具改进的工业革命。工业革命的大规模生产，与资本主义的市场体制相合，其发展的地区，亦即欧美工业化国家，遂以此巨大的能量征服了世界市场。因此优势，欧美地区的人们将其文化与生活方式，包括宗教信仰、现代科学、国家组织……均推广于全球，成为今日世界的主流文化系统，而其他曾在各地区发展数千年的文化系统，无不低首臣服于欧美的强势文化。20世纪，各处学术界的主题，先是以“西化”为课题，旋即以“现代化”为口号，依然将“西化”“现代化”与为人类发展的方向画下了等号。

20世纪下半叶，在第二次世界大战结束后，欧洲的经济与文化优势一时衰退。新大陆的美国继起，雄踞文化与经济的主导地位。因此，此际欧美的经济体系扩张于全球，终于将全球经济逐渐纳入一个呼吸相通、不能分割的广大的世界性经济网络，世界各地的资金、原料、劳力等市场各项因素，在交通工具发达、资讯流通迅速的条件下，汇合成全球化的巨大动能。先是日本及所谓的“亚洲四小龙”的发展，接着是中国大陆地区与印度的崛起，在南美及非洲也有类似的现象。同时，欧洲诸国整合为欧盟，其经济实力之强，已是美国的劲敌。是以世界的经济秩序，既是整合的一体，又有多元的分工与竞争。人类历史上，一向有许多区域性与地方性的经济体，它们多多少少有所区隔。风水轮流转，此起即可能彼落，此盛即可能彼衰。今日这一世界性经济网络，则是休戚荣枯，纠缠牵转，不再有“隔水舱”般的区隔。全世界是一条绳上的蚂蚱，谁也不能丢掉谁。

另一层面的变化是现代科技支撑的知识经济。最近一个时代，资讯科技与生命科技的发展十分迅速。科技知识本身成为生产的资源。拥有一项专利权，即可转化为商品，获取巨利。于是资金被投入科技研究，市场效应决定了学术研究的选项。由此推演，“知识”已不仅是“求知”的智性活动，也成为谋求利润的脑力资源。今天的商品，其原料所占的成本，相对而言，可以产生千万倍的商品附加值。知识转化为财富的效应，使得知识既是生产力也是商品。资金被投入“知识”，生产力开发“脑矿”以获取利润。这一变化，导致知识分子（亦即专业的求知之人）“学得文武艺，卖与商贾家”，依附于经济利益，难以维持学术的独立性。在不久的将来，世上将有一个新的“婆罗门”，它占有财富与权力，却又因为这一结合，学府之门将只对少数特权阶层开放，而摒一般庶民的子弟于户外。

文化层面，在全球交流而又多元的情况下，今日的“主流文明”（欧美文明）老化的现象却又日益显著。欧美以外的几个文化体系（如中国文化、印度文化、伊斯兰文化以及个别的海岛文化），于过去两三百年均在欧美强势文化的冲击下经历过“脑震荡”般的迷惘与失落。于是，当“主流”老化僵化，而其他选项不再有自己的活力时，当前的世界各地处处兴起文化解构的风潮。这一波澜壮阔的运动，既是对主流的质疑，也是在文化既衰后的反省。许多过去被视为当然的前提，例如神恩，例如“人”的尊严……均难以持之有故。于是，在没有前提可为依据时，人类社会赖以共济共存的行为规范也不见了。知识分子，本是人类智性、理性与感性三个领域中为人类寻找存在价值的主力。但是已如前述，当知识成为商品及生产力，求知是为了财富与权力时，还有谁尽力在纯粹的心智活动中追寻真善美？于是，解散一切价值后，世上剩下的将只有庸俗、平凡、冷漠、猜疑与失落。人类文化到了这一阶段，则是丢失了千年来各种文化曾有的先圣大贤努力累积的成果，如同生物学上的“返祖”现象，人类又回到榛莽未开的原始状态，一切行为仅仅是生物食色本能的反射。

以上描述的未来世界，其实已不是科幻小说的预言，而是冉冉而至的实况。某种程度上说，我们活在今天，何其幸耶，目睹这一新天地的降临。我们不能只是惊惶，更不当放弃。认识了问题之所在，我们或能尽力寻求走出迷宫的道路。这一挑战，是全体人类共同面临的。然而，在欧美文化走入困境时，曾经有过“脑震荡”之苦的几个文化体系，应当为人类共同的未来担起提供“选项”的工作。

这本小书在中国再版，正是为了呼召中国文化的传人，共同极力再造人类新文明的志业。我盼望，这一次人类文化的转变，不是终极的崩溃，而是另一次的突破，突破困境，再造新境界。

许倬云

转变的关口

这本书是《从历史看领导》《从历史看组织》两本书之后的另一讲演记录，正如前两本书一样，在洪建全教育文化基金会主办的系列讨论会上，我们的话题是有所集中的。

这次的主题是历史转变的关口，考察其来龙去脉。虽然这次的主题与我的专业有密切关系，我还是避免陷入专业的论文形式，其中不做细节讨论，没有引证史料，更不用注脚。我的目的是将一些专业研究的成果，融入大家都直接关心的课题，俾大家在寻求未来时，对过去先有些了解，毕竟有些变化本是有迹可循的，同时，有些变化是可以按类型归纳的。

我们选择“转变的关口”作为主题，主要是因为我们自己的时代正是一个转变的关口。我们正由国家经济体转型为全球性的经济网络，生命科技的进展引发我们对价值观念的深刻反思，信息革命更将我们引入另一个时代，未来的世界秩序将是普世的，国族的界线正在趋于模糊，而这一秩序本身也将没有清楚的边界。

回顾中国的历史，中国文化圈曾不断扩大，而在近古以前，中国文化圈的模式也是普世天下，没有清楚的边界，也不能仅由政治权力界定。因此，中国的历史，对于我们面临的未来普世秩序，应有其参考价值。中国文化圈的思想基础，是以人为本的人文观念，不仅儒家的价值如此，甚至佛教在中国的转化，也注入了中国的人文观念。

正如日本学者所指出的：中国的人文秩序，灌注于周边族群的文化，遂在亚太地区出现了同质性相当清晰的亚太文化圈。中国的汉字，在日本是“假名”，在韩国是“吏读”，在越南是“字喃”，而中国的律令制度、儒家与佛教则在各处都有。

其他主要文明也有过天下秩序，欧洲的基督教文明，在中世纪时也发展成地中海世界的天下秩序，亦即天主教教廷主导的公教文化圈，甚至由此发展了以欧美文化为主流的世界性文化。不过，基督教文化圈的价值建立在独一真神的神恩上，相对而言，中国文化圈的人文价值，应当更适合于未来世界秩序，因为未来的多元世界必须是包容的，而基督教的一神信仰却是排他的。在生物科技的影响下，狭义的一神信仰及神恩观念，其说服力也不如中国文化建立于人性的人文观念。因此，即使未来世界秩序的主流为欧美文化，中国文化仍有足够空间，可以焊接到未来世界秩序中，成为其中有价值的部分。

本书有专门讨论近代知识分子的一章。中国的近代知识分子继承了中国文化的士大夫传统，有济世的关怀。中国传统士大夫是社会的精英，然而，这一精英阶层又是开放的，足以不断吸纳才智之士。相对而言，公教秩序的社会精英，或为教士，或为贵族。教士是脱离世俗的，贵族阶层则基本上是世袭的与封闭的。近代以来，欧美的知识分子是专业性的，以追寻知识为职志，没有淑世的关怀。在未来的世界秩序中，人权观念应是社会价值的主要成分，则未来的知识分子也应有相当的淑世关怀，庶几可以用科技知识为人类社会谋求公平与普遍的福祉。就这一角度而言，中国文化圈内知识分子的使命感也应有值得注意之处。

至于讨论资本主义发展轨迹的部分，则是为理解未来世界做准备。

这一系列讨论，均为当场记录，全是口语，未有文稿，洪建全教育文化基金会同人把录音整理成文，相当辛苦。简静惠女士、李秀卿女士及办事同人，从策划讨论会到编辑成书，备极贤劳。参加讨论会的学友们，在提问中对我启迪良多。以上种种，我均深深感激！

许倬云写于台北

2000年10月10日

目录

CONTENTS

第一章

时代转移的诸种因素

何谓“时代转移”？事实上，任何时候时代都在转移。虽然时间就如同流水一样不停地奔腾，但确实有几个非常的时段，其间的转变会比较剧烈而且迅速，因此可以看出其中转移的迹象。

何谓“时代转移”？事实上，任何时候时代都在转移。虽然时间就如同流水一样不停地奔腾，但确实有几个非常的时段，其间的转变会比较剧烈而且迅速，因此可以看出其中转移的迹象。人类的文化与人体的新陈代谢，从一个大的系统来看，其实相差并不远，因此文化的新陈代谢也像人体一样，有许多不同的因素具有较多的影响。

我们知道，一个人从出生到死亡，人体细胞、器官及其生长的大环境都会影响个人的健康以及成长和老化的过程。因此，真正要谈到究竟是什么使得历史在转变，相当于问是什么因素影响人的成长及老化，这是相当复杂的问题。

而对于影响历史转移的因素，哪一个才是最重要的，我们无法下结论，仅能就哪些是存在的因素、哪些是重要的因素做一番讨论。

英雄史观

首先我们来谈谈最直接的因素，也就是所谓的英雄人物及“英雄史观”。这里所提到的英雄，并不一定都是正面意义的英雄，我们所指的是这样特殊的人物：他站在一个枢纽的、举足轻重的位置上，使得历史上的某些成就全归功于他一人。例如：我们说郑成功收复台湾、孙中山缔造中华民国等，这些说法都是将时代的转变归功到一个人的身上。这是我们在看待历史的时候常犯的一个通病。一般人总会找一位伟大的人物，将他的贡献当成历史转变的因素，把他的工作视为推动历史进步的动力，这就是英雄史观，也就是“英雄造时势”。如此看来，英雄不但可以创造历史，甚至可以创造文化、创造命运。

一般人的观念里，“神”一定曾做了某些了不起的事情才成为神。我国的古代经典《礼记》，就界定了一些古代文化英雄，例如黄帝，就是一位著名的大英雄。在《礼记》的记载中，这些人因为聪明正直谓之神，因为能够为百姓谋福利谓之神，因为能够创造万物谓之神，因为能够捍卫国家谓之神，因为能够抵御灾难谓之神，所以在一般人的心目中，英雄不只是创造生活、创造历史而已，他本身已经被创造成为神话的对象。这样的想法普遍存在于各个时代，所以人类在研究自己历史的最初阶段，往往就是先找出英雄人物，强调某个人做了什么丰功伟业。例如：成吉思汗征服了大半个世界，但成吉思汗一个人有多大的能耐可以征服世界？他带领了多少人与他一同打拼天下？

就历史学的传统来看，这样的英雄造时势理论，在我国的英雄史观中是源远流长且无处不在的。我们可以从历史典籍中发现：每个新的朝代，都是由圣王率领着一些功臣开创而成，甚至于诸葛亮也被塑造成会呼风唤雨的能人，仿佛靠他一个人就能创造出三国的情势，从赤壁之战开始到“出师未捷身先死”为止，似乎他个人就代表着这段历史。由于英雄形象普遍存在，在中国史学领域之中，英雄造时势几乎变成了最常见的现象，事实上并没有任何特殊的理论去加以说明。

在西方史学中，卡莱尔注意到拿破仑迅速崛起并将法国民主革命浪潮狂飙到全欧洲的这种英雄现象，并因而创造了英雄史观的理论：有些人物，在特殊的情况之下，会发挥特殊的功能；而这些人本身确实也有一些特长，或者是坚毅卓绝，或者是机敏过人，或者是能够使大家心服口服，愿意服从他的领导。

卡莱尔特别以拿破仑为例，说他第一次从被放逐到的小岛回来时，身边并无一兵一卒，但是沿途却有愈来愈多的人愿意跟随他，于是拿破仑最后又再次复辟成为君王。卡莱尔认为，这就是一种天生拥有的吸引百姓跟随的能力。

卡莱尔的这种说法，为英雄史观铺了一条道路，后来真正以理论来构筑英雄史观的是马克斯·韦伯。这位近代社会科学界相当重要的人物，提出了 charisma 的观念，中文并没有真正对等的字眼可以翻译。因为 charisma 包括魅力，却不是指俊男美女那一种；说是威严，却又不是威权统治的那一类；若说是特殊的恩赐，也并不得体，好像是在与上帝打交道。究竟 charisma 代表着怎样的意义呢？事实上 charisma 的字根所指的是，神特别赐予的能力，一种天赋的禀性，是韦伯从神学领域借来的，用来说明有些人拥有着天生的领导能力。这种能力使他变成领袖，可以使许多人愿意跟随他，与他走同一条路。他若吸引了十个人，便拥有十个人的力量；吸引了百人，便拥有百人的力量；带得动一整个国家的话，国家就相当于他个人的力量与事业。但是在历史上，有不少人自以为拥有 charisma 的魅力而刚愎自用，于是我们可以发现，假的 charisma 比真正的 charisma 还要多得多。

虽然韦伯提出 charisma 的观念来解释英雄，但他还有个但书，他强调 charisma 是不能转移的；某一个人的特殊能力是他个人的事，他所创建的组织、理论、功业都要经过制度化的转移才能长久运行流传下去。所以韦伯提出 charisma 的观念，一方面是为了说明卡莱尔的英雄史观，另一方面则强调英雄不能逾分，不能超越时间许可，不能超越他应该做的事。拿破仑就是因为超越了他该做的事，自己称王称帝，才自己毁掉了 charisma，于是兵败滑铁卢，导致一败涂地的下场。中国的项羽也是 charisma 的代表人物，一开始他带领了一支小部队前去救赵国，以少胜多而赢得名声，可是后来落得四面楚歌、自刎乌江的下场，这也是他滥用 charisma，超越了自己本分的结果。

英雄史观的理论发展到后来，由埃里克森做了相当重要的阐释。埃里克森是一名心理医生，他专门研究精神异常的治疗，在研究治疗的过程中，找出了精神领域中确实很异常的部分。这话怎么说呢？通常，我们说的异常是指与常人有很大的差异，有些差异可能会发展出很不一样的天分，音乐家与艺术家往往就是最好的例子。而我们也常说，哲学家有一半根本是疯子，另一半才是哲学家。这些都可以说是异常。埃里克森从治疗精神异常的过程中慢慢去推敲，并从生理学的角度去分析，但他的做法并不能说完全成功，尤其无从解释英雄与 charisma 的问题，到最后他只能从文化的层面去进行解释。他认为真正拥有 charisma 的英雄是能够感受到他的时代的，抽象一点说，他能感受到时代的情绪、时代的脉搏、时代的贪望、时代的压迫感与时代的困扰。他比一般人的敏感度要高，而这样的高敏感度让他与时代合而为一，因而他替时代说话，不用劝说也可以得到大众的认同，于是这种人物能与时代的脚步相互配合。

埃里克森研究的代表人物，是推动宗教改革的马丁·路德。马丁·路德本身就是天主教的神父，为什么他可以提出反对的意见？马丁·路德自以为这是神的感召。而埃里克森通过研究马丁·路德时代的档案记录，重建了马丁·路德的人格特征。他认为所谓的英雄，要能够真正做到与时代相呼应。对于时代的英雄人物来说，这种相呼应的感觉是一种直觉的能力。有很多感应力则是可以训练出来的，例如，艺术家对颜色的感觉，就是可以训练的，而有些能力却是完全训练不出来的，例如，有人五音不全，这就是天生的能力不足。由此可知，马丁·路德这位神学家，可以看出神学的弊病，可以看出天主教教义与实行上的差异。能够看出这些东西当然一点儿都不稀奇，因为这些敏感力都是可以经由训练得来的。埃里克森解释英雄现象的第二个例子是甘地。甘地没有兵没有将，本来是在英国接受法学教育的，后来回到印度，掀起全国的独立风潮，最后终于以和平的手段发动了不流血的独立运动，促成了印度的独立。他是一个了不起的英雄，没有人因他而死。埃里克森以研究马丁·路德的方式，同样对甘地进行了研究，唯一不同的是，他这回着重于民族的情感，强调的是殖民地上受压迫的人的民族情感。甘地在南非时是一名律师，而当时的南非也正是英国的殖民地，所以接受英国教育的甘地，在当地其实与英国的统治阶级站在同一阵营。而当他回到印度时，他则属于被统治的一边，这两种截然不同的待遇，使得甘地了解到他的同胞有股未曾说出口的感受。

由于印度是一个相当奇特的民族，他们拥有古老的文化，有许多种方言，但却缺少集体的认同意识，所以英国只要采取分化政策，便相当容易统治印度。于是甘地致力于宣扬所谓的印度意识，让他的同胞明白印度和英国是不一样的，即使像甘地这样成为英国的律师，他也还是印度人，不能自居为英国人。由于甘地是学法律的，他认为所有的事情都可以用讲理的方式完成，例如公众诉求，所以他反对暴力，反对武装革命。

埃里克森的英雄史观使我们真正了解到，只要时代的需求被某个人领会到了，那个人就有可能成为英雄。这就是所谓的“时势造英雄”，因此英雄不能孤立地存在。

我们谈了“英雄造时势”以及“时势造英雄”之后，接下来还要来看看伟人的影响力。我们所讲的圣人，例如孔子、佛陀、耶稣等，他们的影响其实是先开个端，提出几个重要的观念，而后所有的内容是由无数的后人一代接着一代填补累积而成的。这些人所提出的，并不是当时单独存在的问题，而是全人类共同关怀的问题，是超越性、永恒性的大问题。这些超越性的大问题，像生死、是非、爱恨、善恶、存在与不存在、恒常与无常等，是人类的社会、文化都会关怀到的问题。但这些问题的时代意义由谁去管呢？就由那些被圣人启发、开导的学派与教派，一代传一代，不断地更新阐释和理解。将永恒普及的概念，依据当时的时空条件，重新予以解释，并解决大家共同关怀的问题。这种英雄就是所谓的圣人，他们所探讨的并不是马丁·路德或甘地所探讨的那些属于当时的、一时一地的问题，而是永久性的大问题。

政治的历史

中国有二十四史，如果加上《清史稿》则有二十五史，除了《史记》等少数几部，其余大部分史书都是记录一个朝代的历史，而每个朝代都是由政权的领导者来加以断代的；换句话说，我们都是由历史来看出政治性转变的。这样的说法不无道理，因为任何政治体，从一个部落到一个国家，都是集合体，少则四五百人，多则上亿人，不论单位大小，都是集体。

经济说白了就是生产和消费，到了有集体存活的需求时，就会产生交换与分配的问题，这些都牵涉到经济行为。而所谓经济行为，主要便是在讨论人类怎样集体存活下去的问题。既然要活下去，我们就要有生存必要的程序与手段，亦即为了集体活下去而产生的制度。这些对人类历史的变化，也必然会产生一定的影响。

我们从古代史来看，从粗糙的旧石器时代工具演进到工具的分化，到不同的工具有不同的用途，使得生产效率逐渐提高，而生产的手段从采集到渔猎再到种植与畜牧，这样看来，这段历史的发展虽然相当缓慢，对人类历史起步而言，却是相当重要的一个环节。所以认真讲起来，也可以说是经济决定了历史。

军队占领了某个地方之后就变成统治者，老百姓不能抵抗就只好接受。时间一久，上下之间自然便会产生共同的利益，这共同的利益使得大家开始拥有认同感，也就是我们必须有一起过日子的共识。这样的认同感，使得政治体本身成为标志。例如我们说“某某国的国民”“某某朝代的子民”等，这些共生的关系都会造成共同的认同感。

而这些认同感，使得它的人民将政治体视为最大的认同对象。我们总会有许多的认同对象，像血统、地区等，但最近三四百年来，国家几乎成为每个人心中的终极认同体。奇怪的是，中国虽然有朝代，但朝代（国家）并不见得是共同认同体，朝代仅仅是统治机构而已。中国应该是一个天下，而天下并无范围。若接受了这个文化，便是属于这天下的一分子；如果不能接受，便仍是外族。这种天下的观念，等于是一种文化的扩散。各种文化都会扩散，有些文化扩散力强，有些文化扩散力弱。至于扩散力的强弱，则是取决于我们先前所讲的普世观念的合理与否。

所以，这种渗透力与扩散力，并非因政治力量而来。中国原本是一个天下国家，而非民族国家。所以中国一直到清朝时，与外国人打交道之后，才发现自己竟然连一面国旗、一枚国徽都没有，拥有的只是一个朝代的名称，于是清政府最后只好自称为大清帝国。事实上，清朝是一个时代，是时间的标志而非空间的标志。

换句话说，中国自古以来便没有国家的共识，只有对天下文化的认同，只不过由于政治体本身的存在，所以还是有朝代的观念。而在近代，由于政治体被认同为一个国家，所以我们每个人都认为自己是国家的一分子，政治对我们的影响力也就跟着形成了。也因为如此，历史便因政治而转变，许多课题也跟着政治化。这就是我们所讲的政治对历史的影响。

但从别的角度出发，我们可以反驳一下先前的看法：

首先，我们要问："政治"是什么？套用台湾政治大学的校歌来解释，政治是管理众人之事。但众人事务，并非全由政治来管理。众人事务的根源：经济有经济行为，社会有社会行为，文化也有文化行为，这样的多层面造成了我们复杂的生活面，而政治只是在这些层面上（浮面）管理的层次而已，根源并不在此。因此若是以政治挂帅，把政治看作历史转变的要件与知识，所得到的就只是浮面的现象，等于只看到激流表面上所漂浮的一些东西而已。或许表面上波澜起伏，然而海底则安安静静地自成一个局面。政治其实都是过眼云烟，像中国的二十五史，在今天看来，每个朝代都只是一个符号，只是帝王将相轰轰烈烈地上台下台而已。所以政治基本上都是浮面的短暂的现象，像是五年前出台的一些法律新规，在当时可能引起相当的波澜与反响，然而今日大家也就习以为常，把它当成生活中的一部分了。

因此，追根究底地说，政治影响层面大，但时间却是相当短暂的。当然，在政治方面也会有些极大的变化，例如大革命等。台湾地区的民主化才刚刚起步而已，也就是说其民主化是其长程政治革命的一部分，每个阶段都只是政治变化的一小段。这一小段大都只是浮在表面上的，如果没有其他因素存在的话，并不会产生这样的政治改变。我们可以想想，假如没有台湾的经济发展，没有台湾的教育发展以及市民阶层的出现，没有中产阶层的力量，台湾就不会有今日的民主发展。这些都是经济、社会、文化力量所导致的，而非政治力量。这种长程的转变，并不是一人独力可以做到的，这也是学历史的人最讨厌“贪天之功以为己力”的原因，将时代、长程的变化当作自己的功劳，这是偷窃行为。

所以，我们可以说，政治历史与英雄历史是两环相结套在一起的，因为政治历史往往需要一个象征性的英雄人物，而这号人物，常常在某种程度上，被当作时代的代表和转变的符号，于是被贴上英雄的标签。事实上真正有资格被称作英雄的，应该只是最初所提到的少数圣人而已。

我们不要忘了政治是一个大的综合体，它包含了结构与功能。结构指的是政府的结构、运作的结构，而功能指的则是典章制度所发挥出来的用处，这些典章制度是要被用来处理当前的社会、经济、文化问题的。

政治结构本身也是一个生物体，它也会老化，也会转变。没有任何朝代的官制是从头到尾不变的。唐太宗时期政府的结构与唐玄宗时期的虽然一样，但却得到不同的治理成效，这就是结构本身产生了变化。尽管表面上的结构并无差异，但结构内部却大不相同。也就是说，管理机构本身就像车子一样，会用旧、用老、用破，需要进行修补。这种老化与修补的问题并不是政治问题，而是社会学的问题，影响所表现出来的或许是政治问题，实际上却是系统问题。系统问题可以是生物性的，也可以是社会性的，甚至是结构性的。

换句话说，政治历史的历史观，并不只探讨人的问题，还要考虑认同感、结构、领导者等层面的影响，这样才能形成我们所见到的政治活动。因此政治并不能解释历史，更别说推动历史了，政治常常是历史在变化时露出表面的现象。

刚才我们所说的制度还包含了法律。法律的制定与执行，虽属于政治层面，但是法律的根源是将文化中对与错的观念经由一个制度化的过程而变成大家共同遵守的道德规范。所谓的道德规范并非靠自己的约束力，而是诉诸社会的共同力量。至于如何形成规范，如何强制规范，则又成为另一个政治现象。所以法律条文可以不变，但在执行的时候，往往会因社会结构、政治运作的差异而产生不同的效果。因此，我们可以把领导者、统治结构、典章制度、法律等不同层面，统统归结到政治的领域。因此，政治不是由一个人带头、一个人说话而已，也不是若干人开会做决定即可。所以，不论是英雄史观还是政治史观，都有相当的局限性，必要受制于经济史观及社会与文化史观。

经济史观

人类历史过程中，人类活动的目的主要是让自己活得更好，使更多人一起活下去，活得更公平和谐。公平和谐是下一章节要讨论的，本章先来谈谈经济行为。

所谓经济行为并不排除掠夺，我们赞不赞成是一回事，而它要不要发生又是另外一回事。掠夺是一种弱肉强食的行为，力量大小包括体力、组织力、说服力等方面。目前史学界对经济行为的看法，首重马克思及恩格斯所创立的经济决定论。唯物史观认为：所有东西都是为了生存的需求而来。为了生存，我们要生产；为了生产，我们就要有分配；分配不公平就会产生压迫，压迫之下便开始出现阶级对抗与彼此仇恨。马克思和恩格斯认为：人类的演化过程是由经济行为决定的。最后斯大林为马克思和恩格斯这套相当复杂却尚未定论的演化过程，定下了五个阶段："原始共产社会""奴隶社会""封建社会""资本主义社会"以及最后的"共产主义社会"。斯大林认为，这五个阶段是人类社会必然会经历的演化过程。

在原始共产社会时期，人类一起生产、一起分配使用各种资源。到后来因分配不均，便开始出现了奴隶，而不均匀的分配结果，则是将奴隶阶级制度化，于是形成了封建社会。而在封建社会里，最大的权力属于最高的阶级，对阶级有着森严的划分。接着到了资本主义社会时期，形势则转变成商业生产、分配占支配地位，于是以钱来管钱、用钱来生钱、由钱来压钱，甚至以钱来压人，更进而造成剥削与掠夺。资本主义社会不但对内有阶级性的掠夺，对外也有所谓帝国主义对殖民地的掠夺，除了掠夺资源，同时也掠夺市场，最后必然会有被压迫的真正生产者起身发动革命。因为真正的生产者是工人，他们花劳力创造了财富，最终却由资本家享受了成果，于是他们要发动革命，创造共产主义社会。

这套理论影响了许多人的思考方式，因为它的说服力很强。大多数的人都感觉到，自己处在被压迫的境况中，所以这套理论根深蒂固地深植在人们心中。这套社会进化论，是从生物进化论延伸而来。达尔文提出的生物进化论的解释是，生物必然要经过功能性的分化，其次是阶段性的进化，而人类是演化的最后阶段。而其中包含的弱肉强食、适者生存的观念，被与马克思同时代的人转化为社会进化论，他们认为社会进化是铁律，与生物演化具有同等的权威。

我们介绍这套经济决定论并不代表就是赞成它，事实上我们可以提出几点进行探讨：

首先，在马克思的时代，人类学与考古学不如现在有相当程度的发展，所以马克思认为人类历史应当有个没有压迫与剥削的“零点”，或说是“起跑点”，这方面值得进一步研究。

其次，并不是每个社会都必然会经过社会演化论所设定的五个阶段，有些没有经过奴隶社会，有些则是奴隶制度与封建制度混淆在一起很难区分。而各地的封建制度，例如日本的封建制度、中国西周春秋时期的封建制度以及西欧中古时期的封建制度，并不必然存在于每个人类社会里。至于欧洲资本主义的发展，则有其一定的条件与时空背景，与其他社会并没有重叠之处。工具的生产，也不一定是按照石器、青铜器、铁器的顺序进行，很有可能是跳跃式的发展，有些文明并没有经过青铜器时代，有些文明石器的发展则大不相同。

以中国为例，资本主义直到近代才开始发展，而封建制度却早在秦始皇时代就被推翻了，这中间几千年的历史并非空白，但却无法用社会演化论来解释。

当我们审视各个重要的文化转变阶段时，可以发现，它们其实并没有朝着同一个目标进行演化，也没有说一定的演化程序就是进步。19世纪的人们对未来充满乐观情绪，认为人类可以看见世界前进的方向。虽然在20世纪前半叶，人类依旧保持乐观，但到了后半世纪就没有那么乐观了。所以在人类的转变过程中，并没有办法保证或证明“进步”一定是往好的方向前进。像我们今天在冷气房中舒服地吹着冷气，可是却浪费了能源，甚至是用破坏环境换来的。这到底是进步还是退步，实在很难下定论。从这些例子来看，人类演化究竟有没有一定的方向，而这些方向是不是就代表进步，对此我们可以提出质疑。

因此，我们可以说，马克思与恩格斯的理论有若干部分是相当有道理的，他们所提倡的人类经济行为以及生产方式、生产手段、分配和生产关系，对于组织人类社会及其变化是决定性的因素。我们的理解是，生产关系与生产手段在不同时空条件下，对于历史的变化有着相当大的作用。

举例来说，台湾地区这五十年来假若没有经济的发展，就不会有农业人口迅速减缩的情形，不会有都市的高度发展，也不会有今天所有的社会问题，这些都跟经济发展有关。而台湾在经济的发展过程中，借来了美式管理方式，并搭配过去由日本学来的管理手段，这两种不同的管理模式虽然不见得能相容，其中有冲突，也有协调，但却形成了台湾地区独特的经济形态，而这样的经济形态，让台湾地区可以在东南亚的金融风暴中安然度过。这就是独特的条件决定了独特的历史。

再说，台湾地区中像台北市这样的发展，不是只有我们才有的独特现象。许多第三世界的国家或地区也都有这样的巨大城市，每一个巨大城市都占有该国家或地区相当比例的人口。以“大台北”来说，大概就占有全台湾三分之一的人口——所谓的大台北指的是南到桃园、北到基隆这个大范围。这些现象也出现在约翰内斯堡、墨西哥市、孟买、雅加达等城市，不是台湾独有的情形。

“人口集中”这样的形态，使得台湾的南北发展有着相当大的差异，除了资源分配不均，人口不断集中在大城市，造成台北市管理上的问题，也造成台湾的经济始终无法均衡发展。

在20世纪60年代，台湾就因为资源不足而采取外销经济政策，从外销农业转型到纺织业、石化工业，一直到今日的资讯工业，这样的经济政策并不是为了本地市场。这样的情况，造成我们对市场以及原料供应地有了相当大的需求，使得台湾必须对外发展。而在这样的需求下，中国大陆一开放市场，两地间的经济关系便无法切断，因而“戒急用忍”的隔离政策无法执行，政策与实际情形便出现了相当大的落差，最后造成经济形态决定了政策必须修改的结果。

我们再来看看经济政策背后的文化条件，李登辉不能理解中国文化，而他之所以会批判中国文化“骗来骗去”，是受他本身日本文化背景的影响，然而他对日本文化的理解也未必深刻，他不了解日本文化其实是中国文化的新阐释，事实上并没有离开中国文化的根。他误解了中国文化，并以为自己是对的。

资本主义的基本精神是，每个人都是为自己的利益着想的，同时有只无形的手在操纵着市场。这就是亚当·斯密的《国富论》中的重要理论。这只看不见的手，决定了所有人共同市场的大方向，像股票每天升升跌跌，分析师可能提供基本面、政策面、消息面等情况，这些归结起来，就是那只无影无形的手。这只看不见的手，其实就是今日民主政治的动力，好的民主政治，就是由这看不见的手、看不见的意识推动人民想要的政策。

美国大选讨论的主要课题并不是由谁来统治世界，而是退休金、年金、社会保险制度、枪支管理等问题，对这些问题的讨论，都从百姓个人切身的利益出发。美国2000年及2015年发生的“百万妈妈游行”，参加的人数不止百万，也不是只有妈妈，因为孩子被杀不单是妈妈的事，只是以妈妈们作为游行的代表，象征着这样的问题与每个家庭都有着密切的关系。

换句话说，资本主义的经济决定论所谈论的那只看不见的手，基本上就是民主政治的另一面，也就是民主经济，而民主经济所依靠的就是“组织化”，例如用买股票来参与组织，用市场来运作人民的意志。然而，这样的观点还是存有相当复杂的问题，其中，国界线就是个问题。亚当·斯密的《国富论》是资本主义的经典，其中的“nation”含有国族的意义，因此它的基本假定是“国族共享一定的财富”，国族就是基本的认同圈。然而今天因为市场互相挂钩形成了世界性的市场，所以“国族”的概念被冲散了，此后的历史也被推向另一个方向。

就像人们经常提到的“世界村”观念，从市场到环保，一脉相承，全球息息相关。而目前最大的推动力量就是电子化的发展，不论是e-mail（电子邮件）还是digital data（数据资料），都是科技发展的结果。这样的科技发展，用作经济行为后，产生了市场全球化的结果，并促成我们的观念认同，而历史发展的方向也有所改变。

资本主义经济史观，与马、恩的生产决定论不一样的是，它更侧重分配。换句话说，分配的观念远重于生产，也就是以分配决定生产。李国鼎主导台湾地区的经济时便说过：“我们要做更大的饼，而不是着眼于怎样去分配这个饼。”但最终的问题是，这个饼能不能永远做得更大？也就是说，我们的能量与资源是否可以永远地增加、永远地存在，这是我们今日所要思考的问题，不是生产或是分配的问题，而是价值问题："我们是不是要一个永远增大的饼？"这牵涉到我们的意志——那只我们看不见的手所推动决定的。

今天我们在做决定的时候，不一定会想到更远的目标，但如果考虑到的是自己未来子孙所要生存的环境，那么每个人的思考方式可能就会有所改变了。这样的思考方式，也就是我们接下来所要触及的社会与文化史观的问题。

社会与文化史观

韦伯与马克思几乎是同时代的人。他也重视经济，但由于他探讨的范围很广，所以我们很难将他归类为经济学家或是社会学家、历史学家。起初他进行经济史的研究，但由于研究的范围相当广，所以到了最后，他形成了总体性的学术观念。一方面他讨论经济问题，包括经济、城市、经济分配与城乡的关系（马克思也曾涉及城乡关系，但马克思把焦点锁定在城乡剥削上，而韦伯则讨论城乡的依存与共生关系）；另一方面他还讨论资本主义起源的问题，并对人的动机进行研究：为什么有些人愿意花一辈子的力气去累积财富，但在有了钱之后却不使用？他将这样的经济行为归因为“新教伦理”观念的影响，认为在新教伦理中，是上帝的使命让这些人创造出了资本主义制度，这些都是文化问题。这也促成了他进而再去研究犹太教、伊斯兰教，研究同样是一神论的教派到底有什么样的差别。研究一神教以后，韦伯又着手研究印度宗教以及中国的儒家与道教，这些比较研究，目的在于了解人类的观念与价值究竟对行为可以有多大的影响。

同时，在这一连串的研究过程中，韦伯还涉及政治问题，他研究权威、官僚制度，讨论权威的定义：权威是否可以转化延续？可不可以过渡或授权？接着韦伯又对官僚制度进行研究，探讨组织能不能有极限，在什么极限下会有副作用。

今日我们的社会学、政治学、经济学、文化学与历史学，大都奉韦伯为一代宗师，是因为他所提出来的每个课题都不容我们忽视。由于无法将其归类，所以我们认为他的思想存在着一个总体的演变史观念。对于我们前面所提及的，不论是个人到全体、政治到经济或是文化到社会，韦伯无一不考虑，所以说这是一个总体性的讨论。

现在我们已可将韦伯的理论归纳在“系统论”之中，这套系统论认为：所有的东西都有复杂的系统。刚刚我们所讨论的几个范畴都有各自的系统，而将之综合起来便是人类的行为，从个体的行为到集体的行为，从衣食住行到由“看不见的手”运行的结果，都可以影响人类变化的方向。换言之，如果我们从韦伯的观点出发，先前所讨论的每个范围，便都笼罩在他的总体观念中。

年鉴学派起源于法国，以布罗代尔为其代表性人物。主要是一群不满于传统“帝王将相史”以及“经济行为史”的法国学者，以一本名为《年鉴》的杂志开始探讨起历史的不同方向，其中有宏观也有微观的历史观点。

其中采取微观角度的学者，甚至可以针对一个修道院进行研究：以修道院为起点，讨论当时当地人的思考方式与行为模式，以及决定其行为模式的条件；或是由某商店的学徒杀了师娘的猫开始，研究当时的学徒、工会制度以及城镇市场，乃至基督教与异教之间的关系等。从中可以看出这些微观的学者在不同层面对学徒投注了多少精力，除了经济制度、文化观念、当地习俗，还有其心理状态。同样地，他们也可以由一个嘉年华来研究当地社会，其中或许还牵涉了组织以及组织的斗争与资源的分配，象征性的符号与价值的取舍问题，还有城市的管理、地方派系的斗争等，这些都是总体性的历史。他们关注的主体不在于帝王将相，而是一些老百姓。

接着，我们要来看的是宏观角度的代表学者布罗代尔。布罗代尔曾写过一本著名的作品《菲利普二世时代的地中海和地中海世界》，谈的是菲利普二世时代的地中海。“地中海”这三个字超越了国家、民族、经济等界限，由于地中海是一个商业来往相当频繁的区域，各地的都市因为商业关系而往来，因此算是一个大的经济体。可是地中海沿岸分别由不同的国家或城邦所管理。布罗代尔以菲利普二世时代的地中海来观察当时总体性的变化，包括天主教文化，经济制度的分歧，农业国家的农业经济以及自由城邦的商业经济，族群长时间的演化等。

所以在这本著作中，布罗代尔认为，首先，从长程的角度来看，有一样东西虽然改变得很缓慢，但却有着巨大的影响力，那就是天然环境。这属于地质或地理的条件，这是在地中海生存的一个先天条件，如果一定要产生变化，也是长程的演化。

其次，中程变化讨论的是周围所发生的配合条件，也就是社会、文化及经济等层面的条件，其间的变化互相牵制、互相影响，属于相关的变化。

最后，近程变化指的是当地哪个城邦的银行家垮台，或是哪个国家的领导换人、哪些政策改变等，主要的范围就是政治。因此长程、中程、近程中，最浮面的变化便是近程的政治事件，其后一层层不同的情况产生了不同的条件，而地中海本身的天然条件其实是一直存在的。因此在本节中，我们可以发现，“总体观念”不仅考虑了人类的行为与制度，同时也考虑了天然的条件。

结论

中国传统史学的祖师司马迁写《史记》的目的，便是“究天人之际，通古今之变”，其中“天”相当于布罗代尔所提到的地理、地质等天然条件，将古今的变化视为一个大的棋局，把古代与今世的关系视为不可切断的关系，追究自然与人为的关系。所以司马迁所编写的历史，并不着眼于一朝一代而已，《史记》不是一部断代史，而是一部通史。为了“究天人之际”，他所关注的范围是相当广泛的，包括天然环境、天然条件与自然分配等。所以，司马迁写《史记》的时候，其史观相当接近于布罗代尔的宏观看法。

问答录

请老师就王安石变法失败一例，从政治、经济、社会、文化史观略做剖析，谈谈变法失败使我们得到的是何种启示。

王安石变法本身并不是个人的变法，先前有过范仲淹的尝试，而在王安石离开后，仍然有些新法在继续进行，所以变法并不能说是完全失败的。王安石当时变法的主要因素，是北宋的统治机构效率愈来愈低，而北宋本身又面临着北疆辽人日益严重的侵略，再加上财政方面也同时有着严重的收支失衡问题。这些问题使得王安石力求变法图强，但是他无法改变造成问题的真正因素，这就是他变法失败的主因。

在政治方面：首先，宋朝虽是帝王政治，可是宋朝的皇帝权力并不大，所以宋朝有看不见的党派之争。这些不同的党派，因为有着政策性以及理念性的不同，所以比别的朝代的党派更具政党意义。然而朝廷的政策，全靠那个与皇帝较亲近的党派决定，并没有类似近代制衡的机制来决定政策的方向。其次，宋朝的文官人员分为两类，一类是“官”，另一类是“吏”。“官”是读儒家经典长大的，接受一般的通识教育，并没有接受专业训练；而“吏”则是无法当官的人，大都由父子相承，这些人有着专业的经验，但却没有机会了解全盘的运作，并且因为长期霸占在某些特定的机构中，所以为了自己的利益而拒绝改变。因此，在“官”没有专业，而“吏”拒绝改变的情形下，这个政府根本无法进行变法。

在经济方面：以南宋为分界点来看，从五代到南宋，宋朝的商业经济已在逐渐起步；到了南宋以后，商业与农业经济可以说是并重的。因此王安石时代的宋朝，仍是以农业经济为主，商业经济尚未达到成熟的阶段。但王安石却认为可以利用商业经济的机制，例如贷款、储蓄等方式，来解决经济问题。可是当时的农业生产要素却大部分掌握在地主的手中，佃户本身仅有经营权，无法进行永久的投资。同样地，地主将土地分包给佃农之后，也无法进行大规模的建设。既没有耕作方式的改良，也没有良好的水利措施，更没有新的作物品种以及肥料，所以王安石时代的农业生产，其单位面积的生产量还不及汉朝。由于人多地瘠，王安石原以为可以利用农业经济来补救商业经济不足的方法，最终也失败了。

另一个原因是政府的浪费。试想，宋朝政府养八十万禁军，需要多少粮食？而先天的限制则是，当时的辽人已经到了河北的南部，只要两天半的时间便可以进犯到汴梁（开封）。文官方面，官俸丰厚，甚至连罢官的人都有薪水可拿，于是政府的负担也相当大。又要养兵，又要养官，这些开销造成经济上沉重的负担。再加上，政府养的那些兵基本上是不能打仗的，而边防的将士，事实上都是将军们的私兵，或是民间的团练。这些将军要养自己的兵团，政府就必须给他们一些特权去赚钱，拿国家原本可以收税的资源，去养一些私兵来替国家打仗。因此，宋朝面临着严重的经济问题。

在社会问题方面：宋朝的社会问题并不算非常严重。但由于农民的生活相当苦，民间穷而无依的流浪者相当多。王安石时代，这些人还不至于酿成太大的困扰局面，虽然当时社会上尚未出现救济贫民的机制。国家不能管、民间没人管，所以范仲淹才会自己开办义庄，由自己的族人来管理社会福利。范仲淹的义庄义田办法，于是一直流传下来。到我们这辈人出生时，在我老家无锡，都还有义庄义田的设置，专门帮助一些寡妇孤儿。可是在宋朝时，像范仲淹开办义庄义田这样的民间福利制度并不普遍。

在文化方面：宋朝文化的真正动力并不是在农村，而是在城市，其中有个相当重要的发展就是印刷技术的改进。宋朝进出了相当繁荣的城市文化（public culture），也就是所谓的普及文化，从戏剧到说唱都有，这些文化都必须靠书本来传播，连佛教的经书也是如此。宋朝的文化可以说相当蓬勃。

但是，宋朝此时正巧是要对儒家经典重新做诠释的时候。因为儒家经典到了东汉时，已经僵化成了学问，无法作为百姓生活的原则。到了南北朝，由于佛教的感染力量相当强大，所以儒家思想也没有发展的空间。直到唐朝时，人们才真正开始研究儒家的本源。一直到了宋朝，研究儒家的力量才称得上真正成熟，南宋时期的朱熹，才将之肯定为我们今日所认定的儒家。在王安石时代，则只是几个学派以其各自的理论来为儒家进行辩论，有自由派（苏东坡等人）的看法，也有比较保守（司马光）的观点，其辩论的重要课题包括社会伦理。

原本在孟子时代，君臣关系是双向的，如果君王做得不好，臣子可以废掉他，可是到王安石时期，君臣关系已经变为单向的，君高于臣、父高于子、夫高于妻等，也就是所谓的三纲五常。尤其是政治权威方面，由于在五代时是军人专政，谁拥有兵权谁就可以当皇帝，这导致君臣之间只有权力而无道义；不像唐朝时，君臣之间讨论政事是坐而论道，甚至魏徵还可以当面指责皇帝的不是。到宋朝时就不行了，像赵匡胤与赵光义两兄弟都是军阀出身，所以一翻脸就动刀子。赵匡胤因缘际会当上皇帝，因此所有被接收的前朝臣子，谁也不敢对新君有所忤逆，甚或是站着对皇帝说话。

所以在文化上，确定的三纲也造成了很不好的影响，士大夫的抗议精神逐渐削弱。因此王安石变法全靠皇帝支持，而无法从民间获得力量。换句话说，知识分子分党分派，却没有民众的支持。在知识分子方面，当时的考试制度比唐朝公平得多，因而有不少贫寒人士可以考取功名。只是这些人一旦进入官场，就与原本的生活断了联系，也因此士大夫与民间的交流并不顺畅，只有少数像范仲淹这样的人，可以了解民间疾苦。

王安石时代并没有强的社会，而是有强的政治，如果强的政治本身效率不高的话，国家便不行了。而处于弱的政治时期，社会本身便必须自己重组并且整合起来，未来所有的议题应该由下往上端，而非由上往下放。

因此，我们所得到的启示是，如果民主政治要真正上轨道的话，社会不能听令于政治，而是政治须听命于社会。

“世界上的任何问题，都可以在历史上找到答案。”请问老师您对这句话的看法如何？我们又该如何自我训练？

首先，我得先说明这答案只能说是分析，而我们也只能分析历史错在哪里，怎么错了，以及它如何会变成这个样子，却不能告诉你如何去解决。要如何解决是每个人当时当代的问题。当“事后诸葛亮”是件容易的事，但是要从事后诸葛亮的经验中训练出智慧，并利用这些智慧来观察现在的问题，才有可能得到观察与反省的能力。然而，自私往往遮蔽了我们的双眼，让我们看不清楚；而自信也是一大障蔽，过盛的自信让我们不太能够听得进去别人的话。民主制度在某种程度上可以消除一些过于自信和自私的问题，所以民主制度仍是很有必要的。

中国这么大，从近、中、远程来看，它可能会怎么改变？它往什么方向变，对中国子民（甚至全球）会比较好？

在近程方面，中国会产生诸多发展中的问题。而在中程的社会、经济方面，我们可以预期，城市化的现象会在沿海一带大规模地出现，而内陆则出现城市化不足的现象。在文化层面上则会有相当严重的问题，我们在内陆的一些农村中可以发现：愈是不识字的人愈有规矩，中国古老的文化传统根源愈深厚。但是许多城市人却没有任何传统文化底子。倒是那些在“文革”时期长大的人，当初为了批孔子而读《论语》，反而还比较好说通。在宗教方面，基督教、佛教逐渐复活了，道教及一些民族信仰都渐渐地回到了百姓的生活圈，因此在新文化的阐释下，我们可以看见中国旧文化正慢慢地在复苏。

远程来说，若以全球格局论，东亚这个区域性的组织，未来将会像欧洲一样，以经济的整体性结合在一起，中国则因为本身人力资源与经济资源的庞大，仍将占据着今日的领导地位。就人力资源来看，只要那些真正杰出的人才，愿意且能够提供思想，经过小众传播传递给知识分子们，其影响力便不容小觑。

话说回来，今天的中国文化虽不能回到古代，但有若干部分，尤其是儒家理性的部分，却是可以补足今日世界上许多不足之处的，比如基督教本身就因为太看重神而不重视人，可仰赖中国文化来补其不足。因此从长程来讲，中国的影响力仍是不容忽视的。

对一个刚接触历史的初中生而言，应当如何学习历史？而对学了三年历史的高中生而言，又当如何学历史？

说实话，我们的历史课程和教科书都有问题。教科书基本上都以政治史为主体，并用朝代史做划分，虽然也有文化史，但是文化史的课程编得很糟。在课程规划上，过去是一星期两个小时，并且为了应付考试必须教完全部的课程，因而老师无法运用自己的时间发挥自己的专业特长。

就我的观点，对初中生谈历史，应该从他的兴趣点着手，也就是实施活学活用的随机教育。一位初中生无法了解全部的历史，所以学历史的重点不应放在史实上面，而是该培养其观点以及思考的习惯。假如我们可以采取随机教育的方式，举例来说，今天早上我们看到新港的妈祖事件，如果我是台南的学校老师，我便以新港妈祖为起点来推演，与学生进行讨论，探讨有关移民的问题、如何开拓到台湾地区、当年在大陆又是如何开拓到沿海地区，以及妈祖信仰产生的原因、分布地区，甚至民间信仰的特色等，用一个主题来带动，这样对学生而言才是活的经验。

我们在台湾地区可以看见许多民间的王爷庙，但是否曾去了解过这些人是谁？为什么这些人明明没有王位却被称作王爷？这些并没有记载在官史上，而是在民间历史有一套自己的说法。民间自成其官制系统：为什么会有帅？为什么会有五营？从这些民间的官制系统来讨论，近的方面我们可以研究郑成功的兵制，远的方面我们可以研究历代兵制的演变、民兵与官兵的关系等，这些都是活用的知识。民间的瘟神为什么会变成王爷的守护神？人们又为什么要祭祀瘟神？而瘟神与药神的关系又是什么？这些不同的神，为什么最后的功能混合了？混合的原因是不是源自我们的观念？或是已经习惯了中国的传统政治制度就是不分工的理念？这些都可以在随机教育当中触及。

对初中生而言，这样的历史教育可以拓宽其知识领域，也可以培养他们对周遭事物探究来龙去脉的习惯。

假如我要教的是高三或是刚进大学的学生，我会教他人类的历史而非国家的历史；给他讲人类史上重要的事件以及观念，例如资本主义与社会主义、一神教与多神教的问题，或是某些主要的饮食起居等情况。我们可以在学生这个阶段的学习上，教给他人类文化发展史，教导他可以解决某些问题，例如，现在每个人都只看得见自己的部分，但对中国以外的事情则是模模糊糊的，而且不仅是我们，全世界的人都是如此。

如果我们学历史的领域不以国家为界限的话，很多事情学起来就会变得相当有趣又有意义，我们向别人学习，别人也同样向我们学习。例如，全世界的人口移动，南太平洋的人可能以台湾地区为起点，进行大规模的移民，甚至美洲、欧洲人口也向中亚、西亚移动，人口往四方移动，并没有人可以说谁是某块土地的原居民。这些不但有助于“地球村”的形成，也可以减少划清你疆我界的麻烦。

我们的学制现在虽然已经松绑，但还是有考试制度；等将来考试制度慢慢变成一个更灵活更自由的方式，那时不论是学习的机制或是管道，都可以给老师相当自由的空间来设计自己的教案，而不需要每个人都学同样的东西。1949年之前，大学都是各管各的，只需向中央备案，就可以办个学校来教育学生，并不需要硬性规定胖的学生要穿小的衣服，或是矮的学生非穿大衣服不可。我们教改工作最主要的努力方向便在于此，可惜尚未成功。

汉武帝时期，董仲舒的人才选拔观念对儒家文化的影响与以前有何不同？

董仲舒说要选贤与能，他自己就是被选出来的人：参加“对国家有所贡献的人”的征选，从“天人三策”中回答三次问题因而受到重用。董仲舒的功劳并不在征选制度上，他一生最大的成就，是将先秦的各种不同学派糅合成一个相当庞大的学术系统，所有的先秦学术在他手上成为一个综合体。在历史上他并不是唯一做这件事的人，在他之前，吕不韦、刘安都曾召集学者做过这样的事，再往后推，编写《礼记》的一群学者也多多少少进行过这样的工作。而糅合各派别学术的综合工作，就以他做得最为成功。当然，这样做最主要的好处是解决了各派别之间的矛盾，但坏处是形成了所谓的一家之言，因而阻碍了其他派别的发展。儒家因而兴盛，却失去了活力，一直等到佛教出现之后，儒家才又面临新的挑战。董仲舒之后约一百年，儒家渐渐式微，而道家慢慢地复苏。就因为儒家的式微，才会有其他学术的发展空间，这是其正反两面的功与过。

儒家为什么会式微？在董仲舒的统一系统中，强调天与人是相互影响的，人如果做得不对，天会示警。学者的责任就是告诉皇帝，你做得不对，你该下台。这样的理论，影响所及，汉代有的皇帝不是换年号，就是自称陈圣刘太平皇帝，而与汉室划清界限。这样的做法演变到最后，便出现了王莽事件，他自认为是新的皇帝。

这样的理论可以说是相当厉害的武器，可以管到政治的层面，而且统一的学说将各个学派都纳在一起之后，判定是非对错都是以经典为基础。汉朝没有宪法，如果碰到法律所解不开的地方，就到儒家经典去找寻理由，也就是以经义来解律。有些阴谋家，就是运用这套理论来谋朝篡位、制造内乱，于是当这套理论可以用来讨论政治的合法性时，它就成了有用的政争工具，与今日“民意”的说法一样。很多政治人物就经常把天意与民意，当作政治的工具，汉光武帝就是运用这套办法建立起了政权。光武帝的孙子，认为不能让这一套理论再被别人利用来作为政治的工具，因此决定将这套统一理论清除，重新回归到《论语》《孟子》的思想源头。

这项清除工作是艰巨的学术工作，他们要将那些被增添的孔子理论重新更正，回到原貌，很多学者穷极一生，便是在做这件事。可是这样的工作非常枯燥，对人民而言更是一点意义也没有，因此儒家丧失了活力，而儒家的思想也从此失去管理政府的立场，回到了学术的领域。直到这个时候，道家与佛教才有机会，提出新的理念。自此之后，儒家要复兴，就得等到好几百年之后，重新在唐朝获得重视，而在宋朝才得以复兴。

因此，回过头来看，董仲舒确实是一位关键性人物，他将儒家理论变成一种皇权理论。我们都知道，所有的权力拥有者，都希望能够利用某些东西来助他一臂之力，可是当这些东西膨胀到足以威胁他的权力地位的时候，他就会想尽办法除去。所以唯有将这样的权力，留在百姓身上，才可以得到制衡。

从历史上来看，董仲舒有功也有过，功在于提倡用理性及学者的智慧来制衡政治，可是越过了头，反因此造成了一家之言的独断。

第二章

明清中国之转变

为什么会没有发生变化，究竟是什么事情使变化没有发生，或者一些可能出现的结果为什么在最后却转变了方向，这些都跟我们今天的状况有很大的关系。

本章我想谈谈历史上的一些重要变化，以及那些该发生而没有发生的变化。为什么会没有发生变化，究竟是什么事情使变化没有发生，或者一些可能出现的结果为什么在最后却转变了方向，这些都跟我们今天的状况有很大的关系。

一般的教科书总认为：汉唐是盛世，宋朝衰弱，明朝混乱，人民生活得不好，而清朝是征服王朝，这些刻板印象其实是有许多问题的。事实上，汉唐盛世并非一贯强盛。唐朝大概也只是在李世民和武则天统治的时候还不错，这以外的时间，国势也不是很强。而汉朝基本上管理得还算不错，但也只能说是治乱相循。我们所谓“盛世”，通常指的是武功，这也是个错误的观念。在开疆辟土时，老百姓往往最苦，而大军凯旋时，背后又是靠着不知多少白骨撑在那里。所以我并不认为这能算是盛世。

其实宋朝也有它繁荣的一面，只不过，后世中国人并不认为如此，反而视之为“衰弱”。它的繁荣未必是当时的世界第一，但于《马可·波罗游记》中有了见证：马可·波罗来自当时欧洲生活最好、秩序最好、文化水平最高的意大利城邦（威尼斯），当他在中国北方看到元大都时就觉得很了不起，对河南的汴梁更感到惊艳不已，最后到了南宋故都杭州，当地的繁荣让他简直不敢相信自己的眼睛。宋代超高的生活水平和当时的经济发展有相当大的关系，可是我们却很少将南宋的生活水平、人民居住的安乐以及各种科技与工业的发展记载在官史上。这是因为我们的历史记载一向有偏差，总是着重在政治和武功层面。

夭折的启蒙

以同样的线索再来看明朝，我们仅记载朱元璋赶走了蒙古人，接下来的记载就只让人觉得明朝的情形相当混乱。事实上，明朝并没有那样糟。

让我们先来审视晚明的情形，明朝晚期有一段时间几乎达到了欧洲历史上所谓的启蒙时期的水平。

欧洲历史在文艺复兴后，紧接着就是宗教革命，然后就是启蒙运动的开始。于是欧洲社会从迷信、自我约束，慢慢演变出自由开放的心态，这种心态上的转变就是所谓的启蒙。欧洲的启蒙运动有其一定的背景，与商业发展有很大的关系。依我个人看来，明朝晚期称得上是中国的启蒙时期，可惜这次运动并没有继续发展，这就是我今天要讲的第一个课题：明朝晚期的启蒙。

一般人总认为明朝的万历年间是一个政治不修的年代，万历皇帝可以累年不上朝，边疆有持续不断的骚乱，日本人在丰臣秀吉的统领下，在朝鲜登陆入侵。表面上看来，明代是一个很糟的时代，但有几点转变却又是值得我们留意的。

文学从有规律、严整的古文转变到相当自由的小品散文，也有一些著名长篇小说出现（或是母本，或是已经完成），例如《金瓶梅》《西游记》等，这些成就已算是非常了不起。胡适之先生在新文化运动时，曾发起白话文学革命；事实上，白话文早在南宋时期便已经开始出现，到明朝晚期更可说到处可见。因此，白话文运动其实并不是新文化运动的时候才有的。而且当时文化的冲劲也相当强盛，简直沛然莫之能御。

在艺术方面，明朝前期与后期的画家就有很大的差异：

明朝晚期的画作，有些已经非常接近我们今天所说的抽象画，跳开写实，跳开规律，而能自由发挥自己的性灵。

至于宗教生活上，禅宗也发展得极盛，处处可见到很大的寺庙。在金人和蒙古人占领北方的时候，道教也发展出了全真教，这是在民间发展极其蓬勃的一个教派。全真教在民间传教，拥有很多信众，而且教义都是针对农夫、商人、小贩、工人等来自社会中下阶层的群体。全真教的教义讲究平等、自由，讲究靠自己的内心约束自己的行为，讲究自尊自重，而不依靠教条和规范。除全真教以外，以武当山为基地的真武派也非常发达。相较而言，道教中最不发达的要数江西张天师一脉，张天师的后人主要是依附政治权威，才能被称为教主。在此我们略过不谈。

当时佛教、道教在民间已有非常蓬勃的发展，吸引了无数的信徒。他们灌输给信徒这样的观念：道德修养得靠自己决定，靠自己来约束自己，而不是依赖师父来教，更不是靠礼节约束或刻板的修行功夫。

不难发现，当时文学、艺术与宗教有一个共同的取向，就是要解放自己，要自己做主，要自由。此种精神也正是王阳明哲学思想的基础。王阳明对朱子的理学做了一番大转变而创为“心学”。理学讲的是靠天地之间的“理”来约束个人的行为；心学强调的，却是靠自己的“心”来指导“主人”：一个主人在外面，一个主人在里头。

刚刚谈到的这几条路所表现的面貌都是一致的，和欧洲16—17世纪的启蒙运动相比较，基本上也是类似的。但为什么欧洲的启蒙运动持续发展到欧洲的近代时期，而中国的启蒙运动却没有完成？这是我们要回答的一个问题。

我们先来回想启蒙运动是如何发生的，它的基础在哪里。

启蒙运动重要的基础有两个。

第一，一般市民已不再住在农村，而大多住到城镇中，他们是从事工商业以及靠手艺谋生的人。城市的繁荣使他们生活无虞，便开始有余暇思考问题，也有多余的金钱去进行娱乐，并从娱乐之中得到教育。

以昆曲为代表。昆曲是士大夫阶层非常细致的表演艺术。明代的民间其实也有昆曲，它上承宋代和元代的杂剧与散曲，所以昆曲并非完全在士大夫阶层发展，而是上下阶层都有。就连说书、唱评弹在明朝晚期也发展成一种艺术，使民间一般人于娱乐当中获得教育，同时也有多余的时间和金钱，使他们的子女获得比较多的教育。

当时即使是在店里当学徒，基本上也是接受教育的一种方式，而不仅是跟着老师傅做些杂事。主要的商业和大店铺，都有一定的教育制度，至今还能发现不少当时流传下来供工商业学徒读的教科书，例如“杂字”教本。就因为当时城市里的人们知识水平不低，启蒙运动才得以发展。

第二，国际贸易带动了城市工商业的发展。自古以来，中国的国际贸易有两条主要路线：一条是通往中亚、西亚的丝路与北方草原路线的侧道，翻过长城向蒙古沿着东西大道走；另外一条路则是海道，其最大的港口向来是广州、福州、泉州以及明州（即今日的宁波），在明朝这些都是重要的港口。中国与东南亚或者东北亚（如日本、朝鲜）的海上贸易，长期以来都在进行着。同时，陆上贸易在蒙古帝国时代也已达到巅峰。蒙古是一个很庞大的帝国（但蒙古大帝国并非只占有中国，中国只是几个大汗国之一），所以东西通道上并没有战争的危机，加上驿道的设置，通行者可以一路换马换车，无远弗届。在蒙古帝国时代，横跨欧亚的陆路可谓是畅通无阻。

但是，陆路交通毕竟运力有限，车子、骆驼、马匹所能运送的货物不多，而中亚、西亚人口也不太多，所以陆上贸易量不易扩大。蒙古人被朱元璋撵回北方后，蒙古的几个汗国彼此之间又发生内乱，伊斯兰教的势力也开始膨胀了，这使得陆路沿线饱受战争威胁。海道就在这个时候开始发达了起来。

马可·波罗当时是从陆路到中国，却经由海道回意大利，为什么？因为陆路并不通畅。在元朝晚期，海道的开通造成了世界性的影响。这条航线沿着中国海岸驶过马六甲海峡转口到印度洋，再从锡兰分成三路线，一条走波斯湾，一条走红海，一条往东非走，在前述三个地点上岸后再走陆路抵达欧洲。这条航道路途遥远，但只要船只坚固完好，海上交通的载重量不是陆路可以相比的，海道沿线并没有大国拦截威胁，而且沿路地区人口多，物产丰富，人民生活宽裕，购买力强。海道开通后，中国的贸易更是完全改观，海外需求量大幅增加，不仅终点站欧洲的需求量大，沿路上的需求也不少。

明朝时期，经由东南亚到西亚这条进入欧洲的海道，输出量最大的物资是瓷器，当时的瓷器比今天的水晶还昂贵。当时的欧洲并没有发现高岭土，所以从唐代开始就想学瓷器制作的欧洲人学了几百年还是学不会。瓷器输出在当时算是大宗贸易，今天的福建德化一带，仍有不少烧瓷器的瓷窑，所烧出的瓷器几乎全是为了外销。那时的输出量极大，红海一带有数以百万计“堆积如丘”的破碎瓷器，连伊斯兰教的寺院也用破碎的瓷器作为装饰品。至于那些没有破碎的，当然被运到欧洲或是在沿途上市获利，彼时的江西、福建、湖南、广东也曾借此赚到大量的财富。

第二宗货品是丝织品。丝织品自古以来即经由丝路运入欧洲。沿路须过关抽税，所以数量虽然不少，利润却不归中国。海道畅通之后，海上丝路的输出量百倍于陆路。除了生丝，还有丝线、绸缎和刺绣。当时江南家家种桑，户户养蚕，尤以江浙一带的丝业获利最丰。

第三宗输出物品是铁器。中国铁器大多运到东南亚诸国，从饭锅到汤勺、菜刀之类都有，以广东和湖南赚得最多，当时冶铸业发达的佛山镇至今仍在生产锻铸铁件。

由于有海上贸易的刺激，长江流域、东南沿海、华南沿海都有兴盛的贸易，每年都会有大量的外汇流入，而输入中国的贵重金属是白银。当时全世界的白银不是流向中国，就是注入日本，欧洲的白银并不够用。1492年哥伦布发现美洲新大陆后，西班牙人很快占领了世界上最多的银山，位于今日的墨西哥。新大陆的白银，经太平洋海道从墨西哥运到菲律宾，或者运到今日的印度尼西亚，再从那里运到中国购买中国的物资。1500年之后，中国船只要到菲律宾或印尼就可以了，之后由欧洲的船接货，中国船带回白银，从而构成了一个世界性的经济网。

这是第一次全球各地的经济体因国际贸易而联系为一：中亚与西亚、欧洲、非洲、美洲、东南亚、东亚等连成一个大网。当然中国得到的益处最大，虽然日本也受惠很多，但由于日本生产量小、出产少，因此得到的利益也相对较少。当时在此贸易中得到最大利润者，并非收税的官方，而是赚取蝇头小利的小商户、小工人。他们的日子改善了，同时也刺激了消费，国内各地的消费物资也因此而蓬勃，各种地方工业及农业也跟着发展起来。

自1500年开始，中国有过将近三百年的经济繁荣时期，这是世界上任何其他国家都比不上的。而这雄厚的经济基础也刺激了前面提到的自由精神。城镇的小市民开始有了自己的需求，也懂得他们要表现的东西。

当时，由于明朝政府的腐败与专制独裁，宦官夺权并操控皇室，受过儒家教育的士大夫们与当权者之间发生了正面冲突。这些士大夫并非世袭而来，而是各个城镇和富裕的农村中受过教育的人。由于当时教育普及，教育水平也高，各处不时有新的书院（学校）成立，书院提供给一般百姓受教育机会，又因为有活字印刷书籍流传，且相当普遍，所以明代社会各阶层流动率高，士大夫不必只是贵族，也有不少来自民间。这几个条件和欧洲启蒙运动时代的条件几乎一样，而欧洲的经济还不如中国，因为当时欧洲是个入超地区，而中国是出超国。这样的状况，维持了三百年之久。

在这三百年中，台湾地区从一个近海海岛，发展成为海上贸易中心，以及海上交通的驻足点。西班牙人、荷兰人、日本人都在此地来来去去。直至郑成功时代，台湾能够在低度开发、别无资源的情况下维持那么久，靠的就是海上贸易。郑氏灭亡的时候，流散在太平洋、东南亚地区的贸易船只，大致有数千艘。郑家以这个本钱能在台湾发展，可以和荷兰人抗衡，可以以此为基地反清复明。

明末，民间的经济基础上出现了新的知识分子。郑成功的父亲郑芝龙是海盗出身，郑成功却是个秀才，就是因为他有了接受教育的机会。

清代学术的转变

明朝末年，江南的一批知识分子开始着手研究政府制度，他们认为有些制度不对，甚至开始怀疑孔子学说。起初，他们并不是要攻击孔子，而是质疑朱熹对孔子学说的解释。这情形和欧洲宗教改革时不骂耶稣而骂教皇一样。

我们以黄宗羲的《明夷待访录》为例，黄宗羲认为政府制度由皇室世袭是不对的。在那个专制时代，质疑皇室制度是相当大胆的行为。他建议由有知识和品德的人聚集于学校讨论政事，然后交给县令，让县令依讨论结果施政，这不算代议制，而是一种知识分子的参政。他认为民间也要办社会福利。各地的地方官吏不该由皇帝随时说换就换，而是应该常驻于当地，且拥有相当的权力，相当于独立的诸侯；而县以下，应该由老百姓间有知识、有品德、有地位的人联合管理。换句话说，他建议的是一种地方自主、类似联邦的制度。西欧启蒙运动里所谈到的民主制度的第一步也不过尔尔。

顾炎武所写的《日知录》，条条都在驳斥从古至今的制度：收税、征兵、取士、任官制度都不合理。这种批判的精神，与当时艺术上的精神是一致的，都是在强调自由、开放。

明朝晚期在城市化与商业化的基础上，开始出现了商业伦理与怀疑传统的精神，其所走的路线与西欧几乎是一致的。当时西欧教皇的力量正在崩溃，对外的商港、贸易港，尤其是对波罗的海、北海、大西洋所开的港口逐渐取代了地中海的港口。欧洲本土贸易路线沿线，诸侯权力大增，致使后来的民族国家、商业城市一个个兴起。

此外，欧洲各地出现自由开办大学的情况，由一群教书匠，每人带着自己的一套家传本事，以类似收门票的方式传授知识。University（大学）就由这批教书匠建立，教皇是管不着的，于是他们传播科学，传播自由思想。各地的商人和工人也开始组织工会，发挥力量，甚至与诸侯讨价还价，由自己管理城市和纳税，不准官吏进入自己的城市。这个背景与明代的晚期几乎一样，都是由民间蹿起的一股力量，对专制独裁政体、对传统的正统思想产生怀疑。凡此种种，都属于心性的开放。

明朝即将灭亡之际，在东林书院传播自由思想的学者们，一个个都被“特务”抓起来，有的宁死不屈。东林与复社，可以集合几百个人在广场上举行批评时政的会议。大型的集会，以苏州虎丘集会为例，就有成千人参加讨论，批评政府。当时若再进一步，可能就会发动革命了，可惜没有持续下去。

没有持续下去的原因有两个：一是清兵入关。在明朝，皇帝再差，也没有把老百姓当奴才看，他们总认为大众就是他们的百姓。但是清朝政府，却将统治力量建立在八旗强悍的武装力量上，自视为主子，视百姓为奴隶。

虽然清朝也有像康熙、雍正这样的勤政皇帝，但政府凌驾于百姓之上，斩断了政治上谋求改革的可能性。清朝的《四库全书》，将所有犯忌讳的字眼，不仅是骂满洲的部分，连对主人不恭敬、对上司不礼貌的字眼也包括在内，全部都消除掉了。清朝以政治因素禁书、毁书来钳制思想，同时科举制度采用正统的经典解释并强化讲究尊卑及三纲五常的思想，以开科取士的方式来笼络读书人，让读书人一窝蜂地读朱子思想。这时候，强调外在约束纪律的朱子学说即成为政治统治的手段。

二是思想转折。除了政治力量，思想本身也产生了相当大的转折，这转折是内在的改变。因为儒家的思想，对于"知识"这两个字，并不是将之当成认知的知识而已。其认知的部分，是为了道德的"知"。道德的"知"与认知的"知"，不是同一个"知"。对儒家来说，求知并不是寻求认知的"知"，而是追寻道德上的准确。换言之，真与善是一个整体：真即是善，善就是真。但道德与认知混在一起以后，读书往往是为了道德的修养，而非知识的获得。将真与善分开，其好坏认定得从各个角度来看。两者分开就是欧洲的思想传统，今日所有的大学与学术界皆是以认知的"知"

为唯一的求知方向，而认为善与真不能互相干扰，要防止宗教或是统治者的正统思想干扰学术。

这一分开的好处是现代科学从此发展，坏处则是读了一辈子书的人很可能知识非常丰富，但道德却未必高尚，因为读书管不到其思想行为，掌控不到其心性的成长。反之，中国将认知与道德混为一谈，结果欧洲的短处成了中国的长处，欧洲的长处就正好变成了中国的短处，两者孰好孰坏，很难有定论。

在思想方面，儒家曾提问：道问学与尊德性之间的关联，即求知和修身的关系为何？对这一议题的辩论已长达几百年，其中内在的逻辑问题是最大的困扰。因为不管哪一边的辩论都立足在儒家的经典上，最后问题就归结为：经典的内容有什么不同的理解？为什么这一派要这样解释，而那一派又有不同的说法？在辩论的过程中，学者们就必须看原来的经典到底如何论述，于是辩论逼使学者致力于核查原来的经典，于是解释思想又走回考证的路了。考证原本只是学术研究的工具，他们非常严谨地去解经，却忘记了解经后解释问题。这是内在逻辑问题演变的后果，研究工具变为研究的目的。这个转变方向与先前政治干预的转变方向也正好合拍，造成了思想的桎梏，于是明朝晚期发展的自由思想无法成长。不过也有人发展出经世致用的观念，将注意的焦点放在改良政治，使百姓过好日子。经世致用所讲的正好就在道德与学问这两个观念之间：强调以我所获得的知识去使老百姓的日子过得好；不但自己修身，之后还要齐家，还要治国、平天下；所谓“己欲立而立人，己欲达而达人”，我能过好的生活，也盼望别人能有好日子过。经世致用就是将知识付诸有用的地方。经世致用之学在清朝并没有中断，有人穷毕生之力研究实用之学，例如如何治河、如何管盐务、如何运粮、如何守边、如何收税，这些实用之学胜于考证，毕竟它是有益于人生的。但这两条路，一是实用，一是考证，都不会去质问其基本原则：这套哲学好不好？这套基本价值观对不对？这套基于基本价值观所建立起来的专制独裁帝王制度好不好？中国的启蒙运动便因此夭折了。

在世界历史上，欧洲的启蒙走向民主化，而中国的启蒙却走到了尽头，这是中国和欧洲社会发展的分歧点。

以皇帝的立场来看，启蒙运动的思想，例如黄宗羲这类人物的想法，能够不流传绝对是件好事。可是皇帝的耳根清净以后，人民的脑子就迟钝了。于是清朝政府没有任何寻求改革的决心，也没有任何机制，让知识分子除参加以正统思想为主轴的科举考试求取功名之外，还有其他选择。所以，当19世纪初，碰到船坚炮利的西洋人，碰上工业生产的大量商品倾销之后，中国三百年来的经济优势便完全丧失。而中国再也没有任何回应的能力，因为思想上的生机早就断掉了。

这样的情况在汉朝也发生过，就是在汉武帝的时候，当时的儒家几乎成了一个宗教。儒生主张天下有一定的道理，这道理是宇宙性的：天怎么运行有它的道理，人怎么做也有它的道理。如果当初这个观念能发展下去，就很可能会演变成今日的科学。他们强调皇帝若不符合“皇帝的道理”就不是好皇帝，这观念是得自孟子“闻诛一夫纣矣，未闻弑君也”，即杀一个坏皇帝只是杀了一个坏人而不是一个君主，任何朝代的皇帝做久了、表现太差了就会有另一个皇帝来取代，政权轮替就像天运有常、季节轮替一样。这套道理用来解释皇帝做得对不对，其权威性远比皇帝的权力高，等于教权了。汉代还真有儒家学者认真地相信，他们可以到皇帝的宫门前说：“你的行为，使你不再是皇帝了！”当然，这样的学者大致仍不免被砍头。

在汉朝时期，这类学者不但有类似教士的权威，也尝试肯定孔子的教主身份。他们认为孔子是至圣先师，是一个可以预见未来的素王（没有皇冠的王）。他们还编造了许多孔子的预言，例如将他的话藏在书中的字里行间，或是藏在墙壁中或地底下。有预言、有教主、有神话，还有教士，这派学说，在当时差点儿就成了宗教。王莽就是靠这派学说，宣称皇帝不该再由刘姓人来做，而应换新人称帝。汉光武帝同样也依这套假预言而取得天下。光武帝的孙子于是开始禁止这些读书人再传布假预言，而要他们研究、清理经典。然而经典虽清好了，汉朝后期的知识分子却由于没有理论的基础，变得仅有骨气，完全没有精神了。

汉朝的这一大转折，我们或许可以称之为“夭折的宗教”，而明朝那次我们可称之为“夭折的启蒙”。所以，看待历史，有时我们也可注意没有发生的事情，这些没有发生的事情本身是很有意思的。汉朝的“夭折的宗教”可以与明朝的“夭折的启蒙”相比较。若再拿汉代的此事件和罗马时代基督教的出现做比较，我们可以发现两者其实是很相像的：过程相似，时代也相差不远。基督教真正组织成功是在3世纪，从耶稣基督出生到组织成熟，中间可花了两百年时间，其中有预言、有理论、有教主，也有教士，最后才形成了宗教。当时罗马帝国由军人执政，皇帝频繁地更替，甚至一年内就换了数个皇帝，政权根本没有闲暇管宗教之事，于是基督教乃得以发展下去。

如果我们以同样的方法来进行中外比较研究，活读历史，就得以看出许多其他的道理。

清代社会的变化

清代社会在历经先前所讲的几个变化以后，虽然仍旧有江南等城镇的存在，但读书世家求取科名的机会远比从工商社会里苦读出身的人要多。换句话说，未来官员候选人的家庭是屈指可数的。清朝中叶约有三亿人口，士大夫家庭人口则不过百余万。大约有千分之三或千分之四的人口被作为未来政府官员的候选人，比例不算大。

以我的家族当个案来说明，清朝中叶乾隆期间，我家由福州迁到无锡，虽然在无锡的家族中不算有钱，但世代都是士大夫。无锡的士大夫家庭中，若某一房有人天资特别聪颖，一旦出头就能光大家门而延续其社会地位。当时读书才是主业，大儿子只负责读书，工商只是副业，便交给二儿子、小儿子去管理。

清朝的吏（即辅助官员的文员），他们知道档案，知道惯例，却不得晋升当官，一直到清朝晚期，才开放捐纳买官。用捐纳解除僵化的方式，并不是一种正常的方式。清朝社会是启蒙的反动，因为社会从自由开放又走向了封闭。

虽然清朝时期也有小说、戏剧等，但上下两阶层的阅读与娱乐却没有画上等号。老百姓看老百姓的，上层则有上层的消遣，这一点我们从《红楼梦》里贾宝玉与林黛玉得偷偷去看《西厢记》，就可看出上下文化隔绝的情形。

在艺术方面，明代的家具线条非常简单，没什么曲折之处，形状却很优雅；而清朝的家具则精雕细琢，功夫繁复极了。清朝刺绣艺术色彩艳丽，花样繁细，与明代的表现方法截然不同。清朝画家以“四王”为首，绘画艺术皆是模仿古代的笔法，模仿大师的山水名作，虽然模拟得惟妙惟肖，却缺乏创意。只有民间才能出现金冬心、郑板桥之类有创意的人物。清代民间与上层的艺术是分开的。我们到故宫去看当时的瓷器：明朝的瓷器是青花，白底蓝花相当素雅、干净，宁宁静静的，就像是艺术品；而清朝瓷器是珐琅彩，华丽繁复，是工艺品。两者之差别即在一个是艺术品，一个是工艺品。启蒙的失败可以反映在许多层面，文化的变化也反映一端。明清两代的文化面貌，由此便呈现出了强烈的对比。

最后，我们来谈谈台湾地区。台湾地区因为郑成功而与启蒙时期的大陆地区有了关系。但在郑成功来台湾之前，台湾其实早就和大陆发生关系了，因为有许多贸易船在台湾停泊。当时所谓倭寇与海盗（并不全指的是日本人，也有一些国际海盗），都在台湾进进出出。从明朝到清朝，台湾不断有这一类的活动。

例如，清朝初期的大海盗蔡牵就曾经以苏澳为基地，其舰队的数量之大，相当于小国的海军，与清朝对抗了二十年。历史上台湾地区就在这些错综复杂的国际贸易及海上活动中，进入了中国的文化圈。郑成功只是其中的一个人物，并不是最早，也不是最晚。当时还有一股向南洋移民的浪潮，尽管官书记载在郑和下西洋后，中国就停止了海上活动，但事实上只是官方的海军不出征而已，民间向外扩充的情形并没有间断。在清廷与郑成功对抗的时代，康熙曾经下令不许片板下海，并且不许在福建与广东汕头一带的沿海十里居住，不仅派遣海军巡防，还常常焚烧临海村庄，但仍抵挡不住移民的浪潮。

据粗略的估计，有不亚于五百万中国人于明末清初之际，向外移民到东南亚一带。虽然其中也有从大陆迁徙到台湾地区的移民，但因为中间有一条难以跨越的黑水洋，移民的人数不是当时最多的，闽粤移民大多是选择顺着洋流南下移徙到南洋。

在这几个条件之下，台湾地区的汉族缔造了移民的历史。郑成功的手下绝大多数都是海盗，其在进行海外贸易时与当时的荷兰人、西班牙人其实是同类，平常的时候做正当买卖，可要是遇到落单的船只就不客气了，或是在港口遇到无人看管的货物时，也会顺手牵羊带走，这在当时国际性海上活动中并不稀奇。日本人也在官方支持下，进行这种有时有本有时无本的买卖。

郑成功所带到台湾的并不是当年清朝或明朝的主流文化，他不是靠读书，而是靠着沿海城镇工商业所激发的自由精神才敢作敢为，胆子大，却没什么修养。康熙以后到台湾地区的新移民，则已经是士绅级的豪族，但是他们的开拓方法，有些合法，也有些不合法。新移民带来的官方文化与先前郑氏的文化格格不入。清朝正统的儒家朱熹文化，一直没能在台湾地区扎根。民间信仰的是善恶对错，而不是官方所讲的三纲五常，这规范了人们的行为。

台湾地区的文化基础虽来自汉族，其基调却并非完全继承于明清的官方正统思维。台湾地区相当程度地承继了明朝后半期启蒙运动的余光，但又非启蒙运动本身。这是由于启蒙运动的思想并没有传进台湾，传进来的只是其反映的行为方式与素朴的观念。

清朝人口激增，明朝晚期却没有，这其实也反映出一个重要的问题：为什么清朝初期，有那么多人宁可违法乱纪也要往外跑？主要就是人口压力太大，于是拼命向外移民。而产生这样的人口压力有两个原因：一是从康熙中后期开始，因天下太平没什么内乱，所以人口激增；二是当时玉米与番薯从海外引进中国，这两种食物使许多不能种稻的地区都能生产粮食，使新增加的人口有饭吃。但人口增加的速度远高于食粮增长的速度，许多可耕土地都被拿来种植食物。当时有大批的人经我国台湾地区、菲律宾，向东南亚移民。引进食粮，却也刺激了人口的快速增长，一百年之内，中国人口从大约一亿五千万增加到四亿。要缓解这样的人口压力，当然也只好考虑移民了。这些人于是往山里走，往中国西南走，进入云南、贵州、广西等地，也往台湾地区走。

这一连串的历史，都不是当地历史，也不是仅在中国境内发生，而是在各地都可发现的。郑成功的船队在太平洋各处纵横来去的时候，欧洲人发现了新航道，也同样在海上来去自如。新大陆的食粮一样被运到欧洲，也造成欧洲人口激增，但欧洲当时恰是在发生黑死病之后，失去的人口至少有三分之一，因此，欧洲人口增加的基数小，速度也不像中国那么快。即使如此，欧洲人口增加后，一样需要往外流向东欧、非洲及美洲，于是他们在美洲建立了殖民地。所以，单看台湾地区是一种情况，看世界大棋盘又是一种情况，在中国这个中棋盘是另一种情况，台湾则是中棋盘的一部分，整体看来是一致的。若要说得明白一点，就是一方面全球的经济网络形成，另一方面各地工商业的发展，使得全球网络有了广泛的交换。

问答录

黄宗羲所提出的理想中的政治制度是“学者立国”，这与柏拉图的“哲学王说”有何相似之处？或者有什么异同呢？

柏拉图所说的“哲学王”相当于“伟大的领袖”，相当于精神导师。他比一般人想得多、想得清楚，他是不会错的。如果柏拉图的理想要在今天付诸实现的话，就如同斯大林等人。他们总认为自己不会错，因为自己是哲学家。因此柏拉图的想法是个人的思想领导。黄宗羲是把学校当作讨论问题的议场，其理论来自春秋时期。春秋时期的学校并非今天所谓的学校，而是当时封建阶层贵族子弟受教育的地方。在孔子的时代，就是如此。统治阶层中较年轻的一群人，他们在一起学习射箭、驾车、应对进退之余，会表达一些自己的意见和主张。郑国的子产便希望在这样的场合里，听听他们讨论问题并反映出各种不同的意见，有的是一般年轻贵族共同的意见，有的则是某些特别的想法，或是针对特别的问题提出的一些解决方案或批评。因此，这与柏拉图“哲学王”的说法大不相同。黄宗羲所盼望的，不是统治阶层里的年轻贵族，他的理论所提到的对象不仅是有学问的人，还必须是能力行的，可以得到大家景仰与相信的仁德之人，或是在地方上被推崇为领袖的人。换句话说，黄宗羲倡导的“议场”相当于精英的讨论场合。黄宗羲没有谈到投票和选举，也没说到议场的决议案有没有约束力，所以并不是真正的民主。但他认为可以借此矫正独裁君主的一言堂，也可矫正行为不当的宦官与近臣弄权。黄宗羲的制度是地方性的，他希望每一县都能有理想的学校来当议场，其实就是所谓的精英政治。

西方民主发展的过程，也是从精英开始。今日西欧与美国的代议制度，乃是历经一段很长的时间才发展出来的。民主政治的巴力门制度有一个重要的源头，亦即北欧与西欧的蛮族（日耳曼人）进入罗马帝国时，原本的部落组织并未破散，部落里的成员可以共同决定其部落的将来。当男子在外作战的时候，其妻子或母亲则可代表家庭发言，这一点便是基层民主的渊源。然而这个渊源并不会立刻发展出今日的民主代议制，其间第一个重要的转变就是要靠英国的贵族。英国贵族由两个族群组合而成：一是当地原本的盎格鲁-撒克逊人的地方头头，等于是小酋长，也算当地的精神领袖；另一族是侵入英伦三岛的罗马人，但这批征服者的人数并不多，因此必须和当地的盎格鲁-撒克逊人取得某种合作与和谐的关系，罗马人无法完全高高在上。罗宾汉就是盎格鲁-撒克逊人的小头目，而不是绿林好汉，因此罗马人不能将之视为叛乱者。彼此间时和时战，这两个族群的小领袖于是构成了英国的贵族。约翰王代表理查王管事的时候，贵族便威胁约翰王，与王室谈条件才愿意纳税、服役。这是民主制度的第一步，与日耳曼人每家每户都可参政的情形不同，因而形成英国的贵族代议制度。

到克伦威尔革命时，政府凭借城市市民的力量执政，市民就此取得了参政的权利。英国开始有了上、下议院，直到1999年上议院才进行革新，取消大部分非选举精英的席位。

循这个途径发展，一贯都是精英参政的情形，老百姓并没有机会参与；进入下议院的市民仍必须达到一定的纳税水准，往往纳税量决定了市民的参政权。“精英”这个词并不意味着精彩或是特别好，而指的是占有优势的人。可见英国从那时候开始有了民主，然而仍是有条件的。

美国立国之初，女人没有投票权，纳税未达一定数额的人也没有投票权，黑人就更不用说了，完全是靠他们一步步争取，才取得了今日人人都有投票权的成果。民主政治演变至今，已不再是精英参政的情况。但美国全民参政之后，也出现了新的危机：美国这几十年来，参、众议员的素质及问政风格愈来愈差。虽然全民参政会牺牲政治素质，不过两害相权取其轻，总比过去王公侯爷坐在百姓头顶上来得好。

明代出现启蒙运动源自其社会经济的繁荣，不知台湾地区社会与经济的繁荣是否会造就另一个启蒙时代呢？

台湾地区有其特殊的优点，即可以吸收由各处袭来的思想浪潮。因为台湾是开放的、以贸易为主的社会，各学校的老师皆是在各地受过教育的。台湾的读物来自世界各地，所以台湾可以说是受到四面八方外来的影响，外来思想刺激我们，让我们的思想更活跃。但实际上，这些影响相当肤浅。教育制度并没有培养出学生深入思考的能力，以致在接触由各地传来的思想时，我们只是平面地接受。一连串的思想是从18世纪一路演变而来的，每个阶段都对前一阶段进行矫正、批驳、更改，即是一代一代演变的过程。而我们接受的却是填鸭式的教育，不加以分别、思考，只是整筐子地接收过来，这使得我们的思考线索背离了原样。这就是我们学术界、思想界令人感到肤浅之处。

然而这样的现象，并不是到了我们这一代才有，从我们的父执辈上溯到梁启超时代，每一代都是零碎地接受外来思想，而未曾好好思考过。我们虽然开放了胸襟去接受新的思潮，但在接受的过程中，既没有好好地整理，也没有融会消化为我们思考的系统。很快地，特别是在20世纪末，因为各种媒体的发达，电脑游戏、电影、流行歌曲等，这些普及文化、大众文化排山倒海而来，虽然热闹，却相当没有深度，但又相当强有力，反将那些深思熟虑和细致的思想完全淹没。梁启超、胡适时代虽然也有一些国外的思想传进来，却没有如此多的大众文化大举压境，一代又一代地，我们所面临的大众文化威胁便愈来愈强，让本身已经相当肤浅的我们变得更加肤浅。这也是全世界的一个现象，而不是台湾地区特有的遭遇。未来的全球将会变成一个热热闹闹、快快乐乐但却迷迷糊糊的世界，这可不知是福还是祸呢。总而言之，这样的发展是相当特别的现象，在时间上，人类的文化则是愈走愈宽、愈走愈浅。未来在哲学界、文学界中将不容易再出现真正深思熟虑的人，科学界或许还有，倒是未来科学界会不会有可能发展出新的哲学来，颇值得深思。

这样的发展好坏是不是有什么可以比较的地方？

好坏在于每一代自己的标准，我们不能为下一代评判它的好与坏。

明代政治相当恶劣，是不是每一代都有这种情况？

基本上这是中外皆然。比如美国罗斯福时代，也不是每个人的日子都过得很好，一样也有乱七八糟的事情。战后，美国人曾度过一段舒服又安定的日子，但同样有侵犯私人权利的事件发生。我们不能仅靠别人来保护我们。法治本身是大家共同制定法律，借由法律，不仅保护彼此，也保护人民不受国家机器的侵犯。在中国，长久以来，法治一直被当成按照法律来管理，事实上，法治应该是由人民共同确定的公权力来保护自己，而不是仰赖“包公”。包公是以国家机器的威力来执行他所认为正当的事情，人民并没有反抗的余地。真正的法治社会，应当有一部法律来保护人民不受他人的侵犯，更要紧的是保护人民不受国家机器的侵犯。其实每个朝代、每个国家都有一些不合理的事物，只是程度上的差异。若没有法治约束，掌权的人一定会滥用、误用自己所拥有的权力。

历史上的政治人物，对于政治的运作、文物的典章化，是不是拥有最高的影响力？

政治人物不论是历史上的帝王还是民主时代的总统，常会利用国家和政府使其所作所为正当化，让人民无法反抗他。所谓“公权力”，就是利用集体的力量，所以影响力颇大。而文化留传下来的影响反不为人注意。孔子当年是个穷读书人，耶稣基督更是位穷困的渔夫，这些人所留下来的影响却又如此长远。以这些人来对比一时过眼云烟的帝王将相，帝王将相对于当时当代人的即刻影响虽也不容忽视，但终究会成为过去。因此我一直说，要防范政治人物用他的政治权威合法化他的所作所为。我们不可能再回到小国寡民的时代，穷而无依的人不能单靠私人的力量得到协助；世界总会有些穷而无依的人需要大家帮忙，这就是集体的单位、国家或有组织的社会可以做到的事情。有组织的社会，需要有管理的机构。政府与国家是两个不同的单位，国家的观念不断变动，它的单元也将不断变动，并不完全一样。自18世纪以后，我们总认为国家是个终极的形态，其实不然，国家可以由另一种方式呈现，国家的权力也不该如此绝对。所以各式政府基本上只是个管理的单位，这个单位有时受人民委托，有时则不然。受人民委托的，人民自然心甘情愿地被管；不受人民委托的，人民就不会甘愿。如此而已。

第三章

近代中国的知识分子

在鸦片战争中，中国失败了，于是中国人开始检讨自己在世界上的定位，也重新组织规划中国。这项工程很辛苦，费了相当长的时间，虽经过了一百多年，这项工程仍未完成，中国还是必须努力转型。知识分子的贡献很多，工商业者也有相当大的贡献。

在这一章，我们将讨论一百多年来中国知识分子在中国历史转型期内所具有的特性和发挥的功能。讨论将从1840年的鸦片战争开始。在鸦片战争中，中国失败了，于是中国人开始检讨自己在世界上的定位，也重新组织规划中国。这项工程很辛苦，费了相当长的时间，虽经过了一百多年，这项工程仍未完成，中国还是必须努力转型。知识分子的贡献很多，工商业者也有相当大的贡献。

一般而言，工商业者与知识分子在这一百多年里，并不是两个区隔分明的群体；现代企业的工商业者与知识分子，更是交缠在一起的。

先前谈到清朝的社会，在1840年之前，1800年左右，中国在经济上的优势，即从国外赚取大量白银以及其他资源的情势，已呈现逆转。第一波的转变是鸦片贸易。英国不再有足够的现金来买中国的产品，他们体认到要平衡与中国之间的贸易相当困难，而且再也无法免费从墨西哥取得白银。美国虽有自己的物产，但对大量的白银流向中国，也感到有些吃不消。当时全世界发生了银钱比价失衡的情形，欧洲也出现白银价格飞涨的现象。为了平衡与中国的贸易，英国将印度与中东的贵重物资（例如珠宝等）卖到中国。后来，英国人发现中国的中药里有使用鸦片的传统，于是开始在印度与土耳其种植鸦片，销往中国。他们还发现鸦片会令人上瘾，因此销货量有增无减地大量输入，很快在不到二十年内便平衡了与中国之间的贸易。而1800年以后，贸易关系开始出现逆转，中国购买鸦片的支出已大大高出所赚回来的资金了。

第二波是自1900年起，各国开始以工业制品大量地赚走中国人的钱财。以机器大量生产的货品，尤其是印度棉花纺织的棉布以及点灯用的煤油等，都是有利润的商品。中国经济于是有了逆差的情况发生，最吃亏的便是农民了。中国从汉朝开始，手工业的生产，一部分在城市，一部分在农村，除了瓷器、铁器，其他如家具、鞋子、农产品加工品以及服饰等，大部分由农村提供。农村手工业的产品渐渐被外来的机器工业产品取代，其中最明显的要算纺织产业了，不论是麻布还是棉布，机器制品总比人工制品的品质要好得多，而且更便宜。因此中国农村除了耕田外，工业生产便完全靠外包了。

这对中国而言，是个相当大的转变，这个转变也导致城市和农村的脱节。许多小城镇原是全国交易网的中间站：农村物资集中于小镇，小镇的物资转向城市，最后流向全国重要集散点，再将物资分流出去。中国农村的“赶集”，主要就是收集农村的物资再转卖到城市，又将来自城市的商品分销于农村。这样绵密的交易网需要一些中间城镇来转输。外来的商品入侵中国市场，中间城镇的功能便告萎缩，所以全国只剩沿海的大城市逐渐发达，其他的小城镇以及农村便日趋凋敝。鸦片本身的害处大家都知道，所以不用再赘述。到了1840年，太多人吸鸦片的情况，使得道光皇帝不得不支持林则徐禁烟，可惜中国在鸦片战争中被打败了。对中国来说，战败已吃亏，但是比起国外工业产品大量入侵的情况，却是小巫见大巫，国外工业产品入侵，等于拔了中国经济的根，其影响是深远的。

在社会方面，过去的科举制度让农村优秀子弟有出人头地的机会。风水轮流转，如果有钱人的子弟自甘堕落，往往家资会愈来愈小。民间的才智之士可望通过科举求取功名，耕读世家的知识分子也能一代一代地传下去。民间阶层上下流转，能上的上，该下的下。但到了清朝，民间阶层的流转趋势便缓了下来。清朝的高官很多都是由满洲亲贵出任，到了晚期更出现捐官制度，正是这两种制度，使得过去以科举制度作为人才升降手段的机制受到很大的影响。但是，至少当时的农村及小城镇都还雇得起老师，以设置书院与书房。在农村尚未凋敝，小城镇尚有足够的经济能力时，地方教育总还能维持下去。等到农村与内地城镇的经济开始衰败，这类教育体制便逐渐瓦解，民间教育水准于是一落千丈。

直到甲午战争失败，中国逐渐走向革命。十年以后，科举制度被废除，过去求取功名的渠道便完全断绝。当时，就只有那些供得起子弟上学的家庭的子弟能念书。一个县市最多只有两三所小学、一所中学，如果想求学，往往得背井离乡，离开农村到外地去。而对当时的农村家庭而言，丧失了劳动力，还得付学费，在经济已经衰败的情形下，一般家庭根本无法维持，于是教育变成了有钱人的专利，贫穷的人家没有求学的能力，因此农村成了又穷又没知识的地方。

假如从1840年到1905年取一个时间点，以1880年开始计算，此后半个世纪的中国，几乎都是这样的情况，社会上产生了两个截然不同的阶级。大多数的农民挤在穷困的农村里，他们没有知识，也没有升级的希望，且农村经济正不断地凋敝。算算传统的情形：一家农户的非农收入，往往占其总收入的40%，其中包括男耕女织等收入。当外来的机械工业产品抢走农民生计后，每一户农民只剩下60%的收入可以用来过日子，因此农村社会愈来愈贫穷。

在城市方面，几乎是以外来物资、对外贸易以及小工商业等经济为主，最繁荣的城市要数上海。20世纪30年代的上海是一个相当风光的城市，但这样的繁荣却是建立在外来的资本、外来的技术及文化上，根本不是自己的。当农村愈来愈穷，而大城市愈来愈繁荣，两者之间的距离便愈拉愈远，受教育者与未受教育者的距离也逐渐加大。当时全中国约有15%的人过着相当丰足的日子，30%的人（包含前述15%的人）能满足温饱，其余70%的人之中，有一半人口处在半饥半饱的状态，剩下的一半人口则是赤贫阶层。

在这样的情形下，中国想要建国，想要在世界上争个立足点，就必须建立自己的工商业，还要建立起交通和教育制度，把国家推向世界舞台。这些浩大的工程，全部落在那15%的人身上。但这些人当中，又只有非常少的人受到足够的教育。以1920年至1930年的清华大学来说，当时全校只有几百名学生。这些为数甚少的知识分子往往出身上层阶级，靠其父兄之余荫，才有机会上大学。读书的权利，局限于极少数的人身上，农村子弟几乎是没有求学机会的。一般人的子弟充其量也只念到中学而已。因此，近一百年来推动中国前进的，主要是这少数的知识分子。他们发挥的作用又可从带动现代思想、影响教育、参与建设几个方面来分析。

知识分子与现代思想

知识分子带动了现代思想。我们开宗明义地讲过，知识分子与现代工商业界在当时是不能分开的。起初，现代工商业要靠这些有教育基础的人与外国人接触来往，即使是买办，也要会说英文，也必须有最起码的教育程度才能做生意。当时最先警觉到世界在改变、中国可能跟不上世界脚步的人，便是这些跟外国人有往来交易的买办，而不是读书人。

例如，郑观应便是一位广东的买办，有着不错的受教育水平，他在当时写了《盛世危言》等书，提出时代的警告。这些书也在上海流传开来，等到甲午战争中国战败后，租界同时印制了这些书籍。另外，传教士到中国之后，颇致力于兴学。他们教导中国人，并与这些人合作，告诉他们国外世界的发展，以及英美的制度如何等。这些接受传教士教育的人往往也是与洋人做生意的子弟。因此第一批真正介绍现代思想并提醒中国警觉的人，便是这些身在中外两边的边缘人。当时在上海用中文所著的这一类书籍，也是日本在明治维新以前了解世界的重要来源。日本了解西方世界后便开始明治维新，快速赶上世界脚步，而中国反倒得仰赖日本的介绍来了解世界。总之，当时社会第一波的启蒙运动，便是靠这些游走于两种文化间的买办或是受过基督教洗礼的人，这些人为数并不多，总数加起来也有限。

因为他们的警觉，清朝政府才着手进行一些重要的改革。首先，中国认为自己必须有船坚炮利的工业，于是造船厂、兵工厂、钢铁厂，便一个接一个地兴建起来。这是现代化最直接的手段，然而却并不是治本之道，事实上，军火工业应是改革的末梢而非基本。虽然中国的做法与通行变革背道而驰，但毕竟也带动了中国的改变。这些将现代工业带进现代改革的做法，在当时被称为“办洋务”。办洋务的角色中，很多是旧日的官员或其幕僚，最著名的是李鸿章一系。这些现代工业同时也孕育了学术与教育方面的人才，例如，严复原本是被派到英国去修读海军课程的，后来却在江南造船厂做译书的工作，他翻译了各式各样的西洋学说与理论。这些办洋务的人虽然不是知识分子，却为今天的知识分子开了一条道路。所以说，当时带动中国走向现代化的，主要有两批人：一是从事外洋贸易的人，一是进行洋务工作的人。有的是从事主要而实际的工作，例如兴建新的工厂或企业，有的则是做教育工作。

再举个例子来看，高阳曾写了一本书《红顶商人》，即描写胡雪岩的故事。胡雪岩是一名传统商人，但因为专替左宗棠采办军火，于是对外洋生意有了深刻的了解。他想在中国办个类似洋派企业的钱庄。他也打算自己办丝绸外销，以对抗洋人买的丝，可惜失败了。胡雪岩不是知识分子，也不是现代人物，却是跨越传统与现代的角色，想要由中国人办现代企业，包括金融业以及工业。他的失败，在于他不了解外商背后的资金有多雄厚，他天真地以为凭自己私人广阔的交游，就可以打倒外商的购买力。对这批想要闯出一片天地的人而言，他们不知道洋人的实力，等于蒙着眼睛在打仗。这场战争当然相当惨烈，比战场上的仗还要难打。

接着便是派留学生出国，例如，清华学堂是中国专门为了选派留美学生兴办的，北京大学则由贵族学校转化而成；以上海的江南造船厂（曾称轮船招商局）为基础，捐资建立起来的南洋公学，就是日后的上海交通大学、西安交通大学。这一系列的教育事业，都是为了从头训练一批中国自己的知识分子，使他们懂得现代化的一切技术与理论。从华人留美的政策来看，这些人与当时第一批由清朝送去英国学海军技术的人不同，去英国的人学习指定的军事、工业方面的技术，但清华学堂在最初几年送出去的学生，在外洋从中学就开始接受西式教育，中学毕业以后自行选读科目时，则几乎没有人愿意修读军事，而大都选读法科，像政治、国际法、法律等，只有少数的人读化学物理，至于选文学的人则是绝无仅有的。于是中国学习外洋的重点，已从实际的工业转换到制度方面。这些留美、留欧的人回国以后，和那些后来自费到日本留学的人一起，成了中国现代化建设的一支主要的力量。

知识分子与教育

在教育方面，清朝没有真正的学校教育制度，大部分都是自己家里请了先生来教书。国家办的学校只是个虚设的机构，到了学问很高深的地步，才能去所谓的书院，相当于大学与研究院，学生可以和老师讨论功课。这些留学生要无中生有地建立起一套教育制度，所以他们从小学开始一个阶段

一个阶段办到大学。他们也兴办了许多新的大学和中学，却没有一个整合的系统。与全国人口比起来，学校数量也太少了。

直到北伐成功以后，中国才开始有“国民教育”四个字的出现。国民政府定都南京之后，制定了所谓国民教育的制度，在此以前并没有教育阶梯可以让学子一步步往上爬升。有些过去的书院，转化成大学或高等学堂，例如台湾“中央大学”的前身是东南大学，东南大学的前身为南京高等示范学校；南京书院后来转化成南京中学……这些都说明了中国在教育基础很薄弱、教育制度等于不存在的情况下，一步一步地转化，尝试建立起一套自己的教育体系。从最下层的师资训练来看，几乎是没有制度的，只要有志于教书的人，都可以办一个学校来教书，从国文、数学到体育、军训，都由一个人来教。一人办学的情况从20世纪初期，一直维持到抗战，这样的状况其实相当常见。抗战时期的四川、湖北、陕西等各省乡间，有不少一人办的小学。这些人因有志于教育，于是卖了田产，办个小学教起书来。这些小学名义上是一所学校，但实际上设备相当简陋。

大学的情形就好了许多，那时中国有很好的大学，如清华大学、北京大学、上海交通大学等，师资也很优秀，大多是留洋回国的学者，他们尽心尽力地教书。但是，这些受过高等教育的师生并不了解中国，不了解农村生态，他们对美国、日本的了解往往多于对自己家乡的认识。因此尽管这些人尽心教书，可是传授的学问知识却在中国派不上用场，结果造成了“异化”的现象，脱离了中国本身的文化与根基。也就是说，努力建立起来的教育制度悬空不落实，并没有扎入土壤。这样的情况，延续到抗战时期才有所改变。

这是一个异化的教育圈，学者们一代又一代地教学生，一批批拉走了家乡的人才。优秀的学生进入县立的中学，更好的学生进入省立的高中，再进一步到沿海的大学就读，再来就是出了洋，慢慢地离开了家乡，再没有回头的路。文化的土壤一层层被剥落，原本努力办学、研究、教书，立意很好，但却造成一个如此诡谲的结果。

最近二十几年来，当这些留洋的人累积到一定数量，回到台湾地区时，他们才真正发挥了用处。有了这些人的帮助，加上台湾自己训练出来的知识分子，以及台湾原有的教育制度，台湾就这么逐渐走向现代化。如果没有当时大陆来的这批知识分子，而只靠杜聪明等少数杰出人物，台湾是不可能走出现代化的第一步的。当时台湾本省籍受高等教育的有多少人？仅凭靠那些人，并不足以在日本人离去后自力建设台湾。

知识分子与建设

建设方面，我们先来举一个特殊的例子：中国近代企业发展有一道界限，这道界限包括公与私两部分，但公与私又常被套叠。因为清朝末年办洋务时，政府设立了“总理各国事务衙门”。这一单位专门负责与各国交涉事务，不单是签订条约，还要负责中国的建设，包括办工厂、建铁路、开港口、买船、办军校等。所以总理各国事务衙门等于是“内阁里的内阁”，什么事都要管。这批洋务官僚，第一代的人才便是由曾国藩、左宗棠、李鸿章训练出来的。政府主办一套，同时民间也在进行另一套。民间所进行的“官督商办”亦即由官方监督民间来办，也相当于今日我们所讲的BOT（建设—经营—转让，也称“特许权”）。“官督商办”在当时就是政府授权商人去办理一家新的企业，政府给予商人信用状，让商人可以周转资金，而商人取得资金后也可以办理新的企业，办成之后便是商人的。这其中虽然会有不肖官商勾结的弊病，但“官督商办”在当时的确也办了许多现代化的企业。现代企业中不属于官方及军事的，几乎都是由“官督商办”所建立，从火柴厂、纺织厂以至机器厂，不一而足。

有些铁路其实也是由外商承办兴建而成的，这些外商所办的事业，则须按规定在一定的年限后还给公家，因此有所谓公办企业与商办企业。在最初兴办的时候，是一条线分成两边，后来却形成了一群代代相承专办这类事务的人。举例来说，第一代是曾国藩、左宗棠、李鸿章，第二代是盛宣怀、沈葆桢等，这些人都是洋务官僚。

北伐胜利后，国民政府成立了资源委员会以开发国家的资源。资源委员会罗致了一群学者与实业家，总办全国建设事务，他们的主要工作是调查矿产、兴建工厂、购买商船等。全国经济发展相关事务皆由资源委员会的成员一手包办，从交通到电讯、从办企业到办学校。这些人就是第三、四代的洋务官僚。

这些人在抗战时期，也负责了相当重要的工作。初期，他们将沿岸的工厂迁往内陆。铁路运力不足，轮船不够，他们靠着木筏、牛、马以及人力，将全国东南沿海的一部分工厂迁往内陆。而这些人在内地（四川以及西南内陆）进行工业重建的工作，一个厂分化为三个厂、五个厂，靠着资源委员会的人脉以及逃到内地的学者，用尽心力将内地的工业建设起来。今天，在中国内陆之所以会有如此多的工厂，都是当年西南建设所奠下的基础。

再以无锡为例，其近代工业可以面粉厂、纺织厂、铁工厂为代表，当初便是以民间的资金为主，再加上知识分子出力所奠定的基础。资金是农家运用卖蚕茧所赚来的钱，以旧时的钱庄筹措本金，再加上知识分子领导的商会慢慢运作起来的。抗战时，几家这样的工厂迁入内地，至今还在生产。

中国近代工业是靠资源委员会集合的人才所形成的力量建设起来的。资源委员会不仅有工业人才，还有金融人才、管理人才。这些人的次一代便是抗战之后的善后救济总署及美援会成员。接受的美国援助，除了金钱之外，还有许多机械与设备，以补救战时的损失。美援会后再接下来便是“经建会”了。

此一系列我们可以排出其谱系，谁是谁的学生？谁又跟谁学？一路追溯上去，我们可以发现：萧万长是李国鼎的学生，李国鼎是跟尹仲容一起发展的，尹仲容系美援会的工作人员……这一路往上可以追溯至资源委员会，再上溯至曾国藩那一代，皆是有谱可循的。而最后培育这些人才的人便是李国鼎，他培育出整个台湾地区如今这一代的经建人才。这一系列谱系中，扮演关键角色的人物不会超过两百人，但他们的确对台湾有相当大的影响；美援会与“经建会”也对台湾地区的建设起到了作用。这些人有一套自己的逻辑与政策的决策程序，但他们懂得各式各样的行业，因此广纳人才成为精英团队，从曾国藩与左宗棠一系列排下来，他们可以说是有人力、有智慧、有操守，而且也有团队合作精神。萧万长可以说是这一系列人才的最后一位小徒弟。现在我们再也看不到可训练下一代的经建人才。而知识分子在经济建设方面的工作传统，却可以说是源远流长，人虽不多，却做了相当多的事。

在学术思想方面，当初引进学术思想也是仰赖少数在上海、北京、南京、广州、香港等五个地方的知识分子。他们靠翻译、写书、开书店、印刷出版，传播现代思想。若以几个主要的大学为中心来看，近代的社会科学、自然科学等的主要研究者只有数百人。从1920年到1949年，全国只有不到十家书店，最大的是商务印书馆，其次是中华书局、开明书店等；报纸方面只有天津的《大公报》、上海的《申报》及《新闻报》等屈指可数的七八家。这些人以及相关企业的从业者，涵盖了所有大学的老师、文化事业的相关人员，总数加起来也才不过数千位有影响力的知识分子而已。今日台湾“中研院”的研究员就约有三千人，在大陆时期的“中研院”人数加起来也不超过一千人。虽然当时他们的人数少，却都相当优秀，也很努力奉献，带动了中国现代学术的发展。这主要则是因为中国这一百年来吃了相当大的亏，受了太大的屈辱，国家主义的思想已深植于每一个人的心中，形成了巨大的动力。

知识分子的困境

中国知识分子的困境，在于他们面临了文化认同的两难。一方面，他们接受的教育是西方的，对中国文化了解不多，因此将中国文化丢在一边；另一方面却又要强调国家，最高峰的呈现便是五四运动的全盘西化诉求。其困境在于对国家效忠，但却摒弃了中国的文化。

以我个人为例，我在无锡读高中，念的英文教材来自印度，化学、代数教材来自美国，除了国文、历史、公民教材，都是英文。当时江南一带好些学校都是这样的情况。如果学生出国留学之后回国，其外文程度往往比中文还要好，懂得美国比懂得中国多。在这种困境下，他们不自觉地离开中国，却又对中国投注了全部的心力。

第二个困境便是上层与下层间的困境。第一代的留学生都是万中选一，是有钱人家的子弟，他们根本不懂得民间疾苦。等到抗战爆发，深入内陆，他们才真正了解到民间之苦。他们心中虽然想为中国百姓谋福利，却往往不知道民间百姓的需求为何，这就是社会阶层面临的困境。

所以上下的间隔、内外的间隔、文化的间隔，使得这些知识分子基本上是处在内心扯裂的情况下。有一部分人采取强烈的爱国主义态度，有部分人则吸收了另一种外国药方亦即共产主义，以求改造中国。

抗战之前，加入共产党的人并不多，可是抗战之后，大家都穷困不堪，愈来愈多的知识分子因而转投向共产党。西南联大就有将近一半的人加入共产党，因为知识分子发现他们无法靠慢慢地改革来改善老百姓的生活，同时急于缩小老百姓与上层阶级的生活水平差距。在这种动机下，不少知识分子参加了革命。因此，他们从事社会主义的改革，并不是为了社会主义的理想，而是要让国家快速强盛起来，以缩小上下阶层之差距。有的人也不是因为对马列主义的信念，而主要是对自己优裕的生活感到罪恶，由此产生赎罪的心态。

我们今天所谈的，便是这一百多年来知识分子在中国所遭遇到的困境。这一个多世纪，他们可说是担起了超人的工作，但他们毕竟只有一双泥腿，泥腿撑不住铜头、铁臂，于是终于形成了一幕悲剧。

顺便一提，中国的工商业之所以一直无法步入现代化的轨道，主要还是承受着外洋的强大竞争力，资金不容易筹措，到最后还得向外国人借钱。当时孙中山先生便说过不能靠外资，这又是一个两难的局面。工商业不发达的两难局面，与知识分子的两难基本上是相似的，既要发展，却又不甘心接受外资，于是资金永远不够。再者，由于广大的农村相当贫穷，既不可能累积资本，又必须消耗庞大的资源，因此落后的农村经济就像个无底洞。

中国仅有少数几个大城市有工商业，可是这些工商业背后并没有支撑的基础；广大的农村也因为购买力太弱，无法发展市场，更不能因之累积资本；战争更是一场大灾难，使得薄弱的基础再度受到相当大的耗损。在1928年至1936年间，中国沿海一带曾有突飞猛进的发展，当时工厂数量成倍数激增。可是战火一起，薄弱的工业便全数报销了。没有一个国家经得起百年建立的基础毁于一旦的打击。私人工商业无法成长，唯一可以喘口气的仅剩下以国家力量在支撑的工商业。台湾地区前半段的工商业，也是靠政权的力量支撑下来的，直到最近才释放到民间。

这段历史讲起来是相当令人心痛的一段记忆，一百多年来几亿人的穷困和灾难，虽有经过了几代知识分子与企业界惨淡经营的工作成果，但与这几亿人口的需求实在相差太远了。我们再将此与世界各国的情况做比较，在奥斯曼帝国崩解、凯末尔建国时，土耳其人民面临的情况与中国类似，其知识分子的心态也与我们接近，而他们的人口只是中国的零头。虽然他们也经历了战争，却没有中国的经历惨烈，因此他们终于成了气候。日本也在明治维新的时候站了起来。日本在明治维新前半段时期并未顾及老百姓的生活，他们重视的只是建设军事力量，靠着军事力量，日本打败中国与朝鲜。台湾被割让给日本之后，台湾的米与糖为日本提供了食粮，也为日本赚进了外汇。甲午战争后中国的赔款更成了日本建立近代军事工业的本钱，三井、三菱等重工业，都是在当时奠下的基础。换句话说，中国以四亿人口，帮日本支付了建军与建设工业的本钱。

由此我们得知：日本的第一步是牺牲了自己的农村，其次是靠掠夺别的国家来建立自己的武装与工业。这是中国和土耳其没有机会做到的事。印度在被英国人征服之后，其农村始终无法发达起来。今日印度的情形就同20世纪30年代中国的情形一样：城市极少，可是人口又太多；不过也正因为人口多，其中产阶层的总人数是相当可观的。印度在英国的统治下没有遭遇其他国家入侵的大战事，和面临十四年抗日战争的中国相较起来，印度曾拥有累积建设的机会，可是印度的发展仍是相当不平衡的。

从以上中国、土耳其、日本和印度的建设比较可看出，中国的情形相当特殊。许多问题不能单纯地归咎于文化的特性，毋宁说是历史背景的总和画下的历史的特殊轨迹吧！

问答录

现代知识分子应该有怎样的使命感呢？

在法国文化成为欧洲的指标时，波兰人到法国留学，带回了法国的风俗习惯与语言文字等。当时波兰的知识分子，与波兰文化和波兰的一般生活脱节。波兰为了赶上法国，过程也相当不顺利。这样的情况也同样出现在俄国。当时彼得大帝要让俄国走向现代化，俄国的留学生也与其国家文化脱了节，俄国小说中的《安娜·卡列尼娜》以及《战争与和平》，都反映出当时知识分子的文化差异。中国这一百多年来，也有这种脱离本土的异化知识分子。在两种不同文化彼此学习之际，这样的情况难以避免。日本的知识分子，在明治维新之后，有一段时间亦复如此。

至于知识分子该如何做呢，这可分为两个方面来说：一是西方的 intellectual（有才智的人），另外就是中国士大夫的“士”，这是两种不同的境界。

我们先来看 intellectual，在中古教会专权的时代，并没有所谓的知识分子，当时只有两种人：一是教士，另一种是工匠。工匠也是有知识的，医生基本上也是工匠的一种。当时的技术人员运用自己的本事讨生活，教士则是为宗教宣扬其教义，这两种人并不须负有社会责任。到了启蒙运动之后，才有所谓的知识分子，有些知识分子要为老百姓造福，要带领社会与时代进步。启蒙时代的首批知识分子诞生在法国，当时有所谓的百科全书派，期望能掌握全部知识，并运用知识来提升社会整体的福祉。这种人往往自认高人一等，他们启发民智、引领潮流。这种人在当时并不太多，在知识方面，他们是贵族，因此他们有了使命感，也有了优越感。

再来看看中国自古就有的“士”。“士”的角色要从春秋时代的《左传》来看，“士”是当时贵族社会当中最下层的阶级，是战士也是文士。到了孟子时，文士已多于战士，他们处于统治阶层与被统治阶层的中间，但在教育方面，接受的是上层社会的统治规则、礼仪法则等知识。孔子最大的贡献，就是将贵族特有的礼仪规范，转化成每一个人都应该遵守的礼仪规范。“仁义”原本只是要求贵族遵守的行为准则，但孔子认为这是每个人都该存乎于心的。中国的士大夫，一方面有道德上的要求，所谓“富贵不能淫、贫贱不能移、威武不能屈”，其任重道远的责任感，与西方知识分子的精神基本上是相通的。可是另一方面，由于中国士大夫位处贵族的最底层，因此与启蒙时期法国的知识分子自命为“贵族”的高人一等并不相同，其自我的道德期许与自我要求，也不是一般人可以接受的，而这也正是西方知识分子所欠缺的。

范仲淹的“先天下之忧而忧，后天下之乐而乐”，强调的使命感并不是要教导人民，而是要为社会服务。对比中国的“士”与法国的知识分子，我们可以看出前者有两个特点：一是更严重的自律，一是更严重的自许。这不是贵族的身份，更像是禁欲的苦行僧。

中国近代的知识分子，基本上仍保存有中国“士”的影子，却也有西方知识分子的优越感，因此也遇到了我们先前所提到的异化的疏离困境。今天，知识已经相当普遍，人人都是知识分子，人人也都该有知识分子的责任。事实上却不然，知识普及之后，知识的专业水平也就大幅降低，知识分子与专业之间又有了相当大的差距。西方世界有所谓的professional（专业人士），即中古时代所谓的专业角色，是运用自己的专业特长来获取生活基本需求的专业人士，不像启蒙时代的知识分子，有着相当的责任感。这些专业人士有自己的纪律，例如大学里有教授的自律组织，工程师也有他们所谓的自律。在美国，这种情况非常普遍，即使你并不是一位专业人士，如果你是专职的老师或作家，便也算是拥有专业，而美国的大学教授并不自认为是知识分子。在第一次世界大战到第二次世界大战之间，所谓的知识分子已经逐渐消逝了。在欧洲，还存留知识分子的概念及坚持，可是在美国，知识分子的典范已无影无踪了。这种背负着社会使命的人，在美国是一些行动家，他们不在乎受到的教育有多少，而是纯粹抱持着理想来推广自己的理念。然而这批人如今也正在分化：一批是有纯真理想的行动家；另一批则是以“行动家”为职业的人，他们以组织集会为主要工作，至于集会的内容则可以不问，正如同广告人的专业为做广告，“行动”对他们而言只是一种技术。

今日的台湾地区，教育相当普及，台湾教育所走的路线与美国相同，是以培养专业人士为主，而不是培养以具有社会责任的知识分子为主。因此博士满街都是，没有谁比谁强很多，但缺点在于这些博士中挑不出几个真正有抱负的人才。假如，每个人都有其社会责任、有反省能力，大家一起来推动社会进步，而不需要知识分子，也不需要领袖来领导，这将是一个至善的境界。但如果社会上每个人都是专业人士，却不肯回馈社会，则社会将无法更加美好。台湾地区走向第二种假设情况的概率，似乎远大于第一种情况。

中国传统士大夫任重而道远的理念，与政治人物的理想应该是贴近的，但现今的许多政治人物似乎完全与之背道而驰了，对此，您怎么看？

自古以来，有如此情操的政治人物并没有几个。历史上严格说来也只有诸葛亮、范仲淹少数几人。中国的士大夫与政治力量是无法分割的，因为其源头皆为统治阶层的最下层。而欧洲的知识分子并不是统治阶层的最下层，他们是城市中受过教育的人，往往与统治阶层站在对立的立场，同时也与金钱对立，与教权对立，所以他们自反于思想控制、金钱控制以及政治控制。欧洲的知识分子有个特色就是着眼于批评，而中国的士大夫则是着眼于服务。中国的士大夫，学而优则仕，最后往往走上政治这条路。然而一沾上政治，不少人往往迷失了本性，“在山泉水清，出山泉水浊”，中国的士大夫与欧洲纯粹持批判精神的知识分子，性格的确有差距。

20世纪50年代末的美国《纽约时报》社论颇有可读的文章，这些文章不单指责政府，也批判社会与人心，但如今已没有几篇是有可读性的了。这几十年来美国社会正走向庸俗化。一个有理想批判力的学者往往是“乌鸦”，不会被当局者喜欢。可是，请不要将有特定立场的反对，当作理想道义的批判。这两者是截然不同的。

“小我”与“大我”之间应该是怎样的对应关系？

人是群居的动物，我们既是独立的个体又是团体的成员，这两种角色之间需要协调。我反对的并不是个体为群体服务，而是某些特定的人掌握群体之后，挟群体以号令个人，代表群体要求个体，为了群体牺牲个人、否定个人。而这个群体基本上是虚假的，可能只是一个独裁者为了满足自己而创造出来的。以德国为例来说，希特勒用日耳曼精神来宣称德国荣耀是为世界做模范，要求老百姓约束自己、服从国家，并为国家赴汤蹈火。大多数老百姓接受为了“大我”屠杀犹太人的做法，只有少数人怀疑这样的做法，因而离开德国。

因此，我所反对的“大我”思想并不是指群体本身，而是被垄断假冒的群体。群体可分为很多种，一种是真的群体，即个体自愿参加，愿意牺牲自己的时间、精力为团体共同的目标而努力；另外一种是虚假的团体，例如国家。原本国家可以是一个真正的群体，可是在19世纪标榜国家这个名称以后，便愈来愈虚假。一个国家的成员往往不是自己选择的，而是因为生在这块土地上，就成为其国民。于是国家有权力要求国民牺牲，剥夺国民的自主。国家由神话缔造，民族更是一个虚假的群体。事实上并不可能有两个完全一样的人，那么又如何能找出族群的界线？族群者若以血统论来看，将无法组织成一个族群。虽然也可以从文化的角度来界定族群，但文化大都有其边缘人，就算两个人被同一种文化孕育成长，其思想上的浓度密度也都各有不同。因此，就群体而言，族群可以说是最渺茫的一个群体。而人类几乎不会有单纯的血统，因而族群的概念也是相当虚假的。

我认为爱人应该是不分种族的，并不能因为他是中国人而多爱一分，不是中国人就少爱一分。

第四章

中国文化的脉络及展开

既要消化过去，又要开拓未来，在中国，我们可以说这是一个“为往圣继绝学，为万世开太平”的任务，这是一个极为繁重的任务。

有关中国文化的脉络及展开这个课题，可以分三部分进行讨论。

生存环境如何塑造了中国人的观念

在第一节里我主要想指出的是，来自四方的不同的信仰方式、不同的思考方式，包括祖灵、泛灵和天神，最后如何整合为一个完整的天人相应的系统。而到了西周的时候，“天命无常”观念启发了另一个新的方向，孔子在这上面更扩而大之，将天心当作人心看——他认为天和人是一体的。那么天心和人心互相呼应，就是将我们的宇宙论、道德论和伦理学通过整合，编织在一个大的框架里面。到了董仲舒的时候汉帝国成立，相对应的是中华帝国“天下国家”的概念，这个宏大而无所不包的宇宙论，给中国以及中华文明又奠下了一个重要的基础。到今天，这个基础还在很多地方显现，影响着我们的日常生活。

祖灵崇拜与天命

这实际上是思想部分，或者说是对自然的解释，甚至可以说属于宇宙论和认识论的范畴。在新石器时代，中国地区人类的生活方式最多可能分为三种形态。

第一种形态产生于草原牧民生活的游牧地带。他们对于广大的天空笼罩在无边无际的草原上这个景象，感受是很深刻的，所以他们对天有一定的崇拜。对于天的崇拜，是在整个草原地区满-通古斯语族的民族中，几乎都会出现的现象。

第二种形态产生于中原地区的农业地带。中国黄土区的平原上发展出了农业，湖泊地区发展出了稻米种植农业，这些农业人口都安土重迁。人们居住在这些地方，通过自身的努力改造天然环境，生产出农业产品以维持生活。这个系统，这种生活方式所产生的意识形态，是天跟人之间的交互作用：人施展出一些力量，天回报一些反应，这就是天人之间的互相呼应。人在这块地方长期工作生活累积的经验，从祖宗传到子孙，所以对于生活在这片地域的人们来说，最初的开创者、当下生活的人以及未来是一个连接在一起的整体。对祖宗的认识是从祖灵崇拜开始的，以至于由祖灵崇拜延伸出宗族结构。这是第二种重要的形态。

第三种形态产生于采集渔猎地带。人们在山林、河川、湖泊等地方以采集、渔猎为生。在这种生活环境里，人们获取物资相对容易。但是，他们也必须在跟自然界密切接触以后才能获得生活物资，因此，他们会认为自然界的万事万物中存在一个神灵。这就是泛灵论的一种信仰。

天神崇拜、祖灵崇拜和泛灵信仰，这三种信仰在新石器时代中期逐渐结合起来，融汇成一个很难分开的混合系统。可以说从今天的关中一直到沿海，从北方草原一直到东南海边，包括中间的湖泊和长江、黄河流域等，基本上在大中国里边，这三种信仰逐渐混合在一起。这种混合而成的新信仰，集中出现在黄土区的平原区域，从华山一直到泰山，我们就发现了许多新石器文明的遗迹。

商代建立了第一个超越部落的霸权，这个霸权延续的时间更长。由于这是一个由部落联盟所建立的霸权，所以各个部落要自己认同自己的来历和自己的祖先。因此，商代中国人崇拜祖灵。祖灵可以沟通人间跟上天，掌握着特别的权力，可以祛除邪魔恶灵的侵扰。从卜辞上，我们也可以看到，商代的信仰，最主要的一条是祖宗崇拜。其他朝代，人们都没有对祖宗如此之重视。上天是祖宗的一个对应体，上天和祖宗是结合的，但并不一样。

等到商代霸权终了，周代，一个西方的小国变成君临中原的一大群部落以后，建立了一个封建（分封）体系。这个封建体系以周人姬、姜两族的宗族组织，笼罩在姬、姜两族以外的异姓部落之上。宗族组织当然会借重于祖灵信仰，但是周人添入了新的因素——天。天命无常，天给王者一个使命，让他做仁民爱物的工作，对老百姓要好。天命授予王者，王者若没有完成这个使命，天意就可以改换到别的王者身上。

周人是以自己得到天命，来影射商人失去天命。这个很重要，因为从这以后，天命本身成为一个裁判，王者的权力是屈服于天命的。天命是无常的，天命以老百姓的反应——民心、人心——为依归。这一个特别的条件，使得周人的作为确实和商人不一样。在周人的考古遗址里面，我们几乎看不见商代那种用人殉葬的现象。周人墓葬里盛酒的酒器，数量相当少，不像商人墓葬那样酒器众多。

所以周人代商以后，撰写了《周书》。《周书》里充满了对周人的劝告与警诫，要求周人必须做到勤快、正直，服从天命，这样才能得到天命的佑护，才能长久。通过这种警诫性的文章，可以看出周人对自己部族的行为是非常重视的，并且以天命来约束人间的行为。

继承天命说发展起来的儒家思想

周人对于天命的信仰，对于天命有目的、有方向的认识论，被孔子继承过来。孔子以“仁”作为人心，以“义”作为人心应当遵从的标准，即一个人当为的本性、当为的标准，“礼”是当为的方式，他通过这些来界定人心跟天心之间的关系。而天心最崇高，笼罩整个自然界。

孔子的天人理论，变成儒家思想最重要的基石。其中“所当为”这部分，就是宗族的伦理、人间的伦理，最终扩大到“五伦”：从血亲一直扩大到朋友。这五个伦常，将君臣朋友都涵盖在内，将世界上的社会关系统辖在一个大的仁义礼智信的范畴之内。它警示人们遵从这个伦理，才能不违背天命。

孔子这套儒家理论，经过了不断的补充完善。而孔子所秉承的，也不仅仅是、不完全是周初的一些说法。我们在《左传》里也能看到许多有学问的学者、朝臣，甚至包括祭师、卜者、史学工作者等，都在不断劝谏他们的诸侯，做人做事该如何如何。这个现象说明，儒家从头到尾就是以“天命如何叫人间出现一个接近美满的秩序”作为标准的，而且注重人心本身的整理和安顿。整理和安顿是很重要的一环。

当然，当时不是没有孔子学说的挑战者。墨家就将天命的地位提高，将其他都置于天命之下。天道最高，人道次之，这与儒家注重人心的安顿截然不同。而阴阳家则以各种自然现象、自然力量的互动，作为他们认识世界的基石。阴阳家的思想很容易被孔子的系统容纳，因为这种阴阳间的秩序都在天的笼罩范围之内。法家思想实际上是儒家思想的延伸。它讲的是在一个承受天命的政治体制之内，如何把管理工作做到最好，使人民享受福祉，过上幸福的生活。但在中国古代儒家思想基本上是主流。

春秋战国之后，秦汉帝国建立。在西汉，董仲舒对儒家思想做了全盘整理，吸纳了《易经》中变动不居的观念，以及各种因素互相感应、互相刺激的观念。这些观念是阴阳五行家的一些共同的思想因素。

董仲舒整理出的天人感应系统极为庞大：宇宙是最大的圈子，人间是第二大圈子，国家是第三大圈子，社群、社团、社区是第四大圈子，家庭伦常则是最小的圈子，个人是最基本的单位。个人身体之内有个小宇宙，这个小宇宙和大宇宙一样，也具有各个互动的部分，它们互相感应，互相影响。这个宇宙永远在变化，是趋衡的，它在寻求一个最佳平衡点，因此，这是一种动态的平衡。

这种思想在今天看来非常现代化，因为今天量子力学的宇宙吸收理论和这个理论是相当接近的。借用董仲舒的理论，民间产生了对于巫术的信仰，人们开始利用巫术的力量去干预宇宙的一部分。但这和董仲舒的观点是不一致的。董仲舒认为，“天人感应”是指人的行为的好坏对错会引动天，天然力量、宇宙力量会对人的行为产生反应。这和巫师们的做法不一样。

但这种民间巫师所代表的力量，实际上等到道教雏形出现的时候，就变成了民间起义反抗的主流。比如说黄巾军代表的太平道、天师道代表的原始道教，就以社区本身的协调合作，建立了一套相互救济的秩序以弥补人间秩序的不足。用天的秩序反抗人间的秩序——每一个时代有一种天，“苍天已死，黄天当立”。每个大的时代，都是一种秩序，一个大时代的转变，必定要引发新时代另外一套秩序的建立。这对董仲舒的说法当然是个极大的刺激，也可以说是极大的反动。

相对而言，当时传进来的佛教，对中国而言只粗浅地引发了道教的重组，并没有对儒家构成强烈的挑战。

如董仲舒这种天人感应的儒家理论，直到今天还存在于我们的生活之中，具有一定的现实意义。我们的风水观念、饮食起居中的种种规矩、对于食物的寒热温凉等认知，都是在其影响之下产生的。我们对于人间的秩序、人与人之间相处的原则也还在求和谐的过程中，希望得到最完美的成果。

外来文化如何作用于中国本土

为生民立命

在董仲舒的天人感应大系统形成以后，我们在观念的许多方面都有了通盘的安排。中国文化将宇宙论，将对人生、对生活的经验统统合在一起，构成一个多元系统互相呼应的动态大结构，这个结构是相当独特的。但我们发现这一结构必须接受外来影响，其中最重要的是佛教的影响，还有发源地比佛教稍微远一点的波斯文化、中东的祆教和后来的摩尼教以及救赎观念的影响。基督教与种族迁徙产生的救赎观念合在一起，将中国的天人合一观念引向更深一层的研讨。

尤其是佛教，最后把中国思想更多地引向了内省的方向，即内心的反省、内心的净化，以及将内心的净化投射到世界和平。假如我们将第一节的主题称为“为天地立心”，这第二节的主题就是“为生民立命”，是要安排我们自己的生活，安顿自己的身心。这部分内容就是吸收了佛教的思想。同时，中国自己也有了道教，儒家本身也就走向了道学理学。佛教同样有禅宗、净土宗与之平行，中国这一切平行观念的产生是因为在中国的领土上有汉传佛教，到今天汉传佛教都可能是世界上最大的一个佛教宗派。佛教在印度已经消亡了，却在中国被发扬光大，与儒家互为表里，构成一种重要的精神制裁。

其他的宗教从何而来呢？外来的祆教、摩尼教，中国民间的宗教太平道、天师道也基本上是在那个时候出现，白莲教则更晚。其实白莲教直到今天还存在于民间。三世之说、三世前后传递并相互影响的观念，对我们中国人的心理心态的影响非常深远。

我们没有天主教和基督教的新旧教的冲突，也没有基督教和伊斯兰教的冲突。直到近代，西方呈现的资本主义和社会主义的冲突，在中国也出现了。在这个发展过程中，中国一直是天下格局，没有受到列国制度的影响。这是很重要的一个现象，可以说中国是接纳万方融入自己。这一阶段我们可以说是“为生民立命”的阶段。

佛教、祆教对中国的影响

在秦汉帝国衰微的时候，佛教开始进入中国。到了南北朝时期，在大量的佛教经典和传教人员进入中国后，佛教才在中国产生极大的影响。南北朝时期的佛教是被侵入中原的外族带进来的，所以佛教的发展跟当权的征服者有相当密切的关系，佛教在中国的传播也有很大的便利。道教对佛教的发展有所反应，当佛教越精密化、越制度化时，道教受到刺激并重新检讨自己。所以佛教的影响不仅体现在对正统儒家思想的影响上，而且体现为对民间存在的已经成熟的道教也有催化作用，使道教越来越成熟，内容越来越丰富。这样，中国三教合一的局面最终形成。

佛教对中国产生了重大的影响，很重要的原因是它主张救赎理念，这种理念从中东传到中国的西域，再逐渐进入中国内地。祆教的三世理念，在中国也产生了影响，即净土宗所谓的未来干净世界、今世来世这些想法。另外，时代的转变对中国的民间思想有极大的刺激，因为民众企望未来有更好的世界。他们认为，上天承诺给他们一个更美好的未来。

这对中国传统思想里《汉书》所说的“天不变，道亦不变”这样一个大的结构的解释，是一个很大的挑战。因为这个挑战，唐朝以韩愈为代表的一批人曾经想回归中国的儒家正统，但这个努力并未成功。

宋朝出现了道学，开始将道教里有关“变化”的理论（在道家观念里面，“变化”是永恒不息的，“变化”是唯一的不变），即太极图的观念带入儒家的经典。实际上宋儒所做的工作，只是对中国本来存在、经由董仲舒整理提出的天人感应的思想，做了更深一步的精密化、系统化整理。从此，《易经》的思想正式被纳入中国正统儒学体系之中。

宋朝还讲究“理”。“理”就是天地之间的理性，这个理性是超越时代、超越民族的，也是超越个人的。它的存在，是一切的根本。但是理本身又存在于哪里呢？一直到了明朝的王阳明，才把理性归纳于“心”。人本身的心，就是解释理性、传递理性的所在。这是符合儒家正典里孟子所说的“四端”之中的一部分说法的。所谓羞耻之心等，都会存在，先天存在于人的心里。人心的反应，就是宇宙秩序的保证，这才算是它对佛道两教的影响，至少在正统儒家方面，有这样一个逐渐建构的新的系统。

但民间就不一样了，对未来的承诺在民间有非常大的吸引力。因为在穷而无告的民间，要推翻王朝，必须有理念，向信众承诺未来会更好。于是在宋朝，以摩尼教在中国的分支为基础，方腊传来“吃菜事魔”的明教，一直持续到元朝、明朝之间。这就是中国民间的革命运动。它这一套新的依靠，就是从明教传来的三世思想、解脱思想，以及有承诺的未来、更美好的天地。这个观念带给农民革命一个良好的精神上的依托。

虽然明朝本身起于明教，但明朝皇帝当政以后，又回归儒家正典，把明教视为一个不合法的民间组织。但它的影响很深远，始终以不同名义出现，比如白莲教或者其他教。20世纪民间反洋人，是以白莲教的名义出现的。在正统方面，在学者方面，它还有着更重要的影响，就是三教合一的运动。刚刚说过，在宋朝开始时就要把儒道佛整合为一个宗教，这个努力始终没有中断过。

正统的儒家对于三教合一这件事，有的人愿意，有的人不愿意。而在民间，几乎所有有力量的宗教，都在做这件事。所谓“人间佛教”，就是星云法师他们所信奉的教派，也还是归属到人心。对于这部分人，很难说他们信奉的是儒家思想，还是禅宗，或是其他什么。综合起来这就是一个讲求回归于心，用好心，做好事，做好人的教派。这些整合思想的思想家主要在民间，而且有强大的动力。在官方，明朝又面临一个更重要的影响。

对基督教的接受和拒绝

明朝面临的一个更重要的影响就是由于天主教进入中国带来的西方启蒙时代以及宗教改革以后的新思潮，包括初级的科学运动，也包括基督教的教义。基督教一神论的排他性，对中国儒家学者来说，是个非常不适应的东西。儒家希望包容一切，不希望有个独神、独断的东西。他们在面对天主教的传教士带来的信仰时，其实内心是很复杂的。因为传教士还带来了西方先进的科技，包括火炮技术、水利方法、西药知识，等等。医药、火炮、水利工程、历法，都给中国带来了相当大的影响。

可天主教带来的不是后来西方的正宗理论，而是西方还没有完全成熟的东西。比如说这个时候的天文学就排斥哥白尼的太阳中心论，还坚持原来的地球中心论。举这个例子是说，这次西方带来的影响其实是有偏差的。但影响还是有的，因为它刺激了中国的正统学者，让他们认识到在儒家以外有另外的世界、另外一些思想系统，在中国以外还有一个欧洲在做种种改革尝试。于是在中国学者之中，尤其在明朝末年时，就有人期待着向清朝的转换。朝代转换是翻天覆地的大变局，这个大变局使得每个人都要重新思考未来的路要怎么走。

明末的顾亭林（顾炎武）、黄梨洲（黄宗羲）这一类人物，都在想将来的路。所以，这些影响对他们的刺激是，他们要重新构想中国应该是什么样的局面。在儒家的王阳明心学的系统里，有许多人就改变了这个立场，从民间去设想，从实用方面去设想，也从破除一统论的方式去设想，产生了各种不同的理论、不同的建构。最著名的当然是黄梨洲，他构建了一个新的世界、新的教育方式。再比如方以智，他把西方理论带到中国，来纠正中国的想法、中国原来的构想。

这一套刺激，对中国的影响是非常大的，但中国接受与不接受在两可之间。以接受的一方来说，中国当时既面临西方东来的海上活动，又面对邻国日本和中国沿海的海盗、倭寇，他们运用西方的火炮，组织了自己的海军。为了回应西方船只和海盗的火炮，明朝海军也用火炮，甚至把火炮用到陆地战争上面。明朝的最终覆亡，最重要的一部分原因，是皮岛毛文龙的旧部投降后金，用了葡萄牙人给他们的火炮，组织了火炮部队，攻击明朝正统政府的军队。

明朝政府军，只有袁崇焕的部队使用过火炮。而等到袁崇焕被惩罚以后，这支火炮部队统统变成投降于清军的汉军，变成了为清军开路的先锋。可以说，火炮的出现对清朝的建立有极大的帮助。早期清朝政府借助火炮，靠着所谓的“乌真超哈”，也就是以汉人为主的重炮、重装备部队做先锋，不仅一路打平中原，后来还击败蒙古的力量，统一了中国的草原地带。这是一些让人意想不到的影响。

又比如，圆明园的建筑是按照西方的建筑方式建造的，包括喷泉、房屋的结构、栋梁的结构、起支撑作用的拱顶等，都是西式建筑和中式建筑的融合。从历法方面来看，正是由于西方的传教士在中国的钦天监担任职务，中国的历法才能更精确。

这些都是让人意外的，西方影响在中国得到的比较好的回应。另外，西方文明的传入刺激了明朝对于种种技术工作的记载，比如茅元仪的《武备志》、宋应星的《天工开物》。这类书对过去不被注意的民间技术者有新的观点、新的角度，把他们的所见所闻记录下来。这类书作为过去没有的一种文献，使得中国文化的内容更丰富。

从整体来看，中国对基督教的影响在接受之中，也在拒绝之中。

近代中国怎样回应西方的冲击

消化过去，开拓未来

从明末开始，中国接触了西方的思想。但是经过工业革命，经济发展起来以后，西方有极大的动力要冲向中国。中国却一直沉睡在过去的习惯性思维方式中。冲击带来的最重要的两点，一个是工业的生产方式，另外一个就是政治组织里民主自由的成分。这两部分，在西方掌握了世界霸权之后，可以说所向披靡。中国也一样不能抵抗这么强大的冲击。

从1840年到现在，这100多年的时间是中国最重要的转化的阶段。在这一阶段，我们看到了西方思潮本身的毛病。一方面他们实行的是列国制度，没有天下格局，所以始终有列国之间的竞争甚至是互相否定，因为征服与奴役始终是两个对立面。另一方面，除了基督教和伊斯兰教势不两立的仇恨，还有经济压过权力的资本主义和社会主义制度，两种理念所导致的战争在最近这100年来，呈现得尤其激烈。

到今天，没有一个国家不是分裂的，没有一个地方的社会不是断裂的，仇恨处处可见。第二次世界大战以后，人类本来可以走向世界化的方向，但是全球化的世界好像越来越遥远。因为西方实行的是列国制度，没有一个天下的格局。这正是今天中国面临的大局面，我们必须好好地思考。中国人的任务是要消化中国和西方这两种不同的想法，使它们能够互相配合。中国采纳西方的科技，也采纳西方个人应有的自由和民主，同时也要化解社会主义和市场经济之间的矛盾，更重要的是要把天下格局纳入世界共同思考的课题之中。这个任务是非常艰巨的。

既要消化过去，又要开拓未来，在中国，我们可以说这是一个“为往圣继绝学，为万世开太平”的任务，这是一个极为繁重的任务。

挨打之后的改变

在近代，中国面临的冲击只有一个主要力量，那就是以欧洲文明为代表的西方文明。西方文明是基督教的文明，是经济制度上的资本主义的文明，是社会制度上的民主自由的文明，国家是民主国家。这个冲击是巨大的，因为欧洲已经完全改变，成了一个崭新的欧洲。

中国在这个压力之下，又该如何处理？在前半段，即欧洲转变之初，中国部分接受了西方传教士带来的一些知识。天主教传教士带来的科学知识，其实是修正主义的，并不完全是真正的现代科学。而西方传教士没有带来西方的经济制度，也并没有给中国带来足够的对应西方的知识。

在这种情况之下，康熙朝关于中西方文明的强烈争执使得中国与西方之间很有限的接触也戛然而止了。因为康熙朝不愿意接受西方教权高于集权的方式，认为这是对政权极大的伤害。到了乾隆时代，中国对西方几乎完全持忽略漠视的态度。英国马戛尔尼代表团带来的一些信息，乾隆朝是完全没理解的。他们带来的西方科技产品，被放到仓库里，根本没有人注意，比如现代的手枪、现代的炮、现代的机器等，当然更谈不到开通双方贸易。

一直到鸦片战争，英国人用炮舰打开了中国口岸。鸦片已经在中国作为商品流传很久，西方用鸦片来平衡对华贸易的亏损。那么，中国在鸦片流行几十年以后，农村破产、经济衰退、人民健康大受影响的情形之下，怎么才能抵抗鸦片战争中洋人用炮舰打进来的这种冲击？很多人第一反应是屈辱，但是又只好接受，无可奈何地接受。

有一部分人觉得要接受西方，另外一部分人认为要检讨：我们是不是可以有别的政策？从理性上来说，清王朝领导人愚昧，根本不容许中国进行像日本明治维新一样的改革，对此一直持拒绝的态度。反而是民间，人们在受了太多的困扰、目睹政府屡次挫败以后，在非常不理性的情况之下，发起了义和团运动。在一个荒谬的迷信宗教之下，他们要以符咒来对抗枪炮，结果当然是一败涂地。从那以后，八国联军打到中国的首都，清廷全盘投降，割地赔款，受到了最大的损失，完全失去自尊心，也完全没有了自信心，于是才开始讨论改变。

第一步讨论改变的方式时，还是不能接受西方的政治制度，但是可以接受经济和科技方式，要以它的看得见的物质文明来代替中国的农业经济、过去成就的手工业。这个政策并没有达到好的效果，其间维新运动的努力失败了，于是剩下的就是民间起义式的革命。这革命本身是由边缘的人物，即与外界有接触的沿海省份的人物，利用沿海省份的一些交通网和帮会力量，尝试发起的要推翻清廷政权的革命。

以孙中山先生为代表的一些革命分子，在中国是属于少数的。孙先生自述，他对西方文明的理解其实相当有限，他的教育程度和他与西方接触的密切程度，并不足以使他对西方真正有所了解，进而领导一场新改革。孙中山去世以后，中国实际上是在军阀割据及内战的局面之下，一点一点地尝试接受西方的。这种接受是局部的，不完整的，而且是没有计划的。

整体来讲，五四运动只是个动力。之前维新运动的一些知识分子打下了基础，促成了五四运动。五四运动中有全盘西化的口号，主张的是民主和科学，即“德先生”和“赛先生”。从这口号上看得出来五四运动代表的态度。虽然有人主张全盘西化，但仍有部分人对西方还没有足够的了解，所以才选择了局部接受。他们认为，在不能全面抵抗之时，应当阶段性地理解，阶段性地消化，阶段性地改变，不能够说科学和民主就代表了一切。五四运动的领导成员，很多是我非常钦佩的前辈以及师长，但是我不得不说，他们在消化西方的任务上，并没有做彻底的工作。

乘着五四之潮一起来的，乃是马列主义。因为有马列主义的指导，在经济制度上，一个基于城市的、作为资本主义末梢的城市中产阶级发动领导的五四运动，让位于以农村为基地的共产主义的革命，最终结果，中国成为世界第二大社会主义国家。

未来要自己找出路径

“一战”“二战”两次世界大战之后，欧洲本身的革命造成了许多的改变。过去的民族国家，基本上因为冷战期间社会主义和资本主义的对抗，一部分被纳入东欧的体制，即所谓华沙条约组织；一部分被纳入西方体制，即所谓欧盟——“欧洲联盟”和北大西洋公约组织。苏联带领的那些国家，在苏联体制上尝试社会主义革命；而西方联合美国进一步进行战后的经济改革，尤其是在科学方面进行努力和尝试。双方竞争的结果是美国以其强大的经济实力压倒了苏联领导的社会主义革命，这是一个重大的转折点，改变了世界的局面。

今天的俄罗斯不再是社会主义国家，它奉行国家主义。而美国领导的经济上的资本主义也面临许多困难，尤其是科技革命改变了各种生产制度，改变了社会结构，也彻底地改变了经济生产对人民生活的影响，使得人们对宇宙的认识也有了极大的改变。1941年《大西洋宪章》发表，罗斯福总统宣告四大自由以及民主制度要改变全世界，美国领导世界的霸权开始，特朗普总统领导下的美国做出许多错误的决策，美国80年的霸权终止。[①]也就是说，美国原有的正在实行的经济政策、经济制度出现问题，资本主义制度在今天的美国呈现的面貌是贫富极为不均，社会分裂，甚至于在裂解，裂解成分子。欧洲民族国家无法各自存在，但欧盟的结合并不顺畅。

中国的革命跟俄国完全不一样，中国有中国的一套做法，这种做法也面临极大的内外压力。中国的路是不是能够走得很顺畅，这要看中国人有没有新的、足够的智慧顺应新的时代，做到新的转变。

今天的世界正在出现新的变化，一切过去的假定，都要因为新的变化而时常做自我修正。比如，科技是西方文明最重要的一个要素。这个要素从牛顿时代的绝对时空观，经过爱因斯坦相对论时代，变成了相对主义。今天量子力学领导

① 此为修订版更新内容。——编者注

的物理学世界中，宇宙是个多元、多角、多维向、多维度的宇宙，在这个宇宙里各网点互相呼应，是个极复杂的网络。网络之大、网络之深、网络之复杂，使今天的科技不像过去的科技那样确定，有那么自信的肯定或者肯定的自信，因此，不能够再以过去的态度来面对今天的科技侵占，面对今天科技文化的基础。

在这种局面下，中国必须有新的转变，而不能仅仅继承过去资产好的方面。中国过去的资产里面有几个可用之处，一个就是全面性。我们有网络性的天人感应理论体系，“天”可以拿今天的宇宙来类比。而“网络性”可理解为，中国的整个社会组织是复杂的、网络式的，不是单线的，也不是个人的。这些是中国可以重新自我检讨、重新接受自我的一个基础。我们就从这方面迎头赶上，我想我们有新的途径可走。

自由民主是了不起的事情，但今天在美国式的民主前进的途径上，我们看到的却是荆棘遍地，贫富不均，金钱和权力干涉了经济制度，金钱参与改变了生产方式。财富的力量改变了民主的实质，投票不再能真正代表民意而代表着谁有钱。这种方式使我们不得不警惕，未来的走向如何，是要我们自己找出路径的。

现在我稍总结一下，我们对西方文化的回应是很繁重的任务。假如我们这次及以后几十年没完成好这个任务，中国文化在世界上的地位将完全丧失，过往将被遗忘。而现在西方文化面临的困境，和他们受限于排他性的国家与宗教观念，都会影响到世界未来的发展，终究使得世界格局、天下格局的全球化设想落空。过去曾经有许多哲人替我们开创了道路，周公、孔子、孟子、老子、庄子，还有后来的朱夫子、王阳明等，这些人都曾经塑造了我们的观念。

在中国有名字的佛家先哲、没有中国名字的在印度的前辈，以及更早的佛家，他们对我们思想的影响也不可忽视。从道家系统来说，庄子以后，比如宋明时代的道家的思想家，都是对我们很有影响的人物。他们的工作累积在那里，今天如果不追溯，我们将遗忘过去。历史不能被遗忘，先哲的智慧和思想，为我们现在的思想奠定了基础，而且他们超越时间的那种智力和定力，足以成为我们很好的榜样，给我们很好的启示。

我们必须继续做这个工作，这个工作不仅是哲学家们的工作，也是全民共有的任务。完成这个任务有许多方面的工作需要做。第一个是世界格局。我们的世界格局，在帝国出现的时候就完成了。秦汉以后，中国的帝国都没有边界，来者欢迎，扩张出去，影响、放射出去，我们也绝对乐意为之。日本、朝鲜就受到了我们放射出去的文化的影响。进来的也很多，从匈奴一直到满人，凡进来的，都融合到我们大中华人口里面。这种胸襟怀抱，我们应该继续保持。而且中华文化的天下观念是没有边界的。孔子特别讲到，要修己以安人。安人是安自己国家的人，然后要安其他地方的百姓。百姓是世界的人，全世界各种族的人，统统包括在内。

今天世界上的冲突多种多样，比如宗教的冲突，比如社会主义和资本主义的冲突。资本主义是为了财富，不管公平，不管自由，也可以约束权力，但是财富往往篡取了权力。社会主义又以公权力来重新分配财富，以求达到公平，但权力有可能会扩张过度，侵犯了私人自由和个人尊严。这种矛盾也要解决。以西方现有的理念来说，他们没有能力解决这些问题。

解决这些问题，不但是学界，也是社会中每个人共同的任务。我很赞同杜维明先生讲的，要建设第三期儒家，其实不只是第三期儒家，而是每个人都要参与创造第三期中华文化。这个不只是儒家的责任，而是中华文化领域里全部的思想流派，包括刚才说过的佛家、道家，以及摩尼教、祆教，各种人物都应做的。中国传统文化本身的理念是天人合一，天和人之间有种种不同的圈子，小而言之是乡党、邻里、亲属，讲大一点是国家、民族，更大一点是一个大的群体，最大是天下。我们需要走哪个方向？我们怎么回顾过去、开启将来？希望读者们、同人们一起努力，共同思考这些问题。我岁数大了，一辈子尽我的力，在这方面投入心力，对中国的过去和当下进行思考，希望很多人跟我一样，一起把这个工作继续下去。

形塑中国

“形塑”是雕刻成形、塑造成形的意思。中国历史很长，中间的起伏、变化、转折也很多。文化史的断代，不能按政治朝代来切割。可是约定俗成，现在我还是用大家习惯的用法——汉、唐、宋为名称。其实在每一个朝代，“中国”这两个字的内容并不一样，疆域边界、人口成分、价值观念、社会组织、经济结构，都有所不同。每一个时代实际上可以当作一个复杂的文化系统，其意义无疑是人类学上的“文化”，其中包括了政治制度、社会组织、生产方式以及美学、文学、艺术等领域，以及感性的表达和交换——凡此都是“文化”的内涵。

从这种文化系统人类学意义上讲，我们只是借用我们所习惯的名称“汉、唐、宋”。我今天特别选取汉、唐、宋这三段，则是因为这三段的“中国”，比较起来最具体。

汉代：底盘很厚的金字塔结构

汉朝紧接在战国争夺天下的纷争之后，秦始皇以严刑峻法、中央专制的体制统治中国，百姓烦怨，二世而亡。汉朝得天下，乃是一个新的开始；百姓盼望太平，统治者本身也对过去大乱的局面和秦朝的严厉统治有所反省，上下都盼望有一个转变。这种转变不能设计，只能顺势发展。大乱之后，需要喘息的时间，于是汉初出现了从吕后到文帝的“无为而治”统治模式，与民休息。从汉初开始，颇多著作讨论秦为什么丢失天下，最著名的是贾谊的《过秦论》，除此之外，长短文章，还有不少。汉初时代的需求是以秦为鉴，思索下一步发展的方向。当时有几种选择：道家黄老的“无为而治”，墨家类似以宗教治国的方式，儒家思想为主流的制度。秦朝二世，综合六国与秦国自己的管理制度，最后以韩非子的理论为基础，发展出相当有效率的文官组织。汉承秦制，有了工具，却没有方向。

汉初的政策讨论，最显著的参与者就是儒家的学者。这些人后来在中国经学史上被称为今文学派，他们依据的经典是秦"焚书坑儒"后由儒生背诵记忆下来的手抄本。今文学派有一个特点，一路传承下来，既有累积，也不断有新的解释。汉初今文学派的理想，大致可以以《礼记》的各篇为代表。今文学派的儒家建构了"内圣外王"的理想："内圣"是培育性格，修炼伦理道德的观念；"外王"是自己完成品格修养后，投身建设理想世界的大事业。外王的最典型结晶就是《礼记·礼运》的"大同"一章："大道之行也，天下为公……"儒家学者的使命，则是督促统治当局在批评中求改进。学者甚至编出一套宇宙更化的顺序：金木水火土。没有一个王朝的天命是永恒的，等到百姓讨厌统治者的时候，天命就必须改变。儒家学者掌握批判和裁决的权力，也掌握历史的裁判权。《公羊传》《谷梁传》就是用来解释《春秋》的，借历史记载的褒贬，批判现实的政治。儒家要将至高无上的统治者摆在放大镜下，根据道德理想，检验其得失成败。这种态度由孔子起端，孟子接着发展，而今文学家继承这个传统，基本上站在批判现实的立场，督责王者。于是，汉朝的知识和权力之间，存在不断的紧张——这一传统是形塑汉朝很重要的因素。

董仲舒《天人三策》的要点是假定天与宇宙、人与社会、人的身体这三个宇宙是相互感应的，也就是人的良心和天性是相通的，这是一个重点。另一重点，则是“选贤与能”（其中“与”是推举）。这是一套选拔文化与社会精英的察举制度，从民间选拔最好的人才到政府服务（不过，请不要附会为今日的民主选举）。在汉制下，地方官回避本籍，到任时都是单车就任，对于当地风土人情都不熟悉，必须依靠当地人的辅助，这些人均是当地罗致的属吏。挑选的标准，是根据在乡里的口碑，挑选有才干有品德的人士；当然，族大、人多、地位高、有声望，都是可想而知的条件。每年，地方官会从属吏中选取工作优秀的人员，荐举到上级单位，最后进入中央政府，担任“郎”职，亦即政府职位候选人员。从一般荐举的评语——孝廉、孝悌、力田、贤良、方正、经明、行修等，可以看出汉代对于官僚组织成员所要求的项目，乃是以德行为重。

中央政府的一大批郎官，在宫廷和官署，分别从各种杂差中一步步学习，也一步步经历考验，巡历内外，逐步升迁。根据传记和文学作品的记载，大致一位家世门第不错的青年，二十岁左右被选为小吏，二十五六岁进京任郎职，三十岁可能已经外放为县官，四十岁可能已是薪俸两千石的高官，在地方是郡守，在中央是一级主管，有些人员在五十岁前可能为卿相。汉多良相能吏，即是因为汉代官僚有长期的学习和培训历程。

这样的制度构成形塑汉朝的政治制度：政府和民间社会之间有通畅的管道，管理系统的基盘是乡党邻里和宗族；民间贤才可以被吸收到中央，经过不断试验、试用，被分发到最合适的地方，而在历练中他们也可以学习到不同的专业知识，从实习、旁观考察中慢慢有所收获。同时，也可以看出地方有相当的自主性。由于地方郡县主管来自别处，必须仰仗当地的才俊辅佐治理，不言而喻，汉代地方基本上是自治的。

汉朝法律从萧何定法时的十几条开始，逐渐完善，但到后来剩下的汉例也没多少，每个地方都有自己单行的习惯。一方面以习惯为主，另一方面以儒家经典来作为判断是非的标准，因此既有地方习惯做依据，又有意识形态做依据。虽然中央命令可以直达地方（根据居延汉简的记录，丞相的命令可以在两个月内从长安到达西北边陲最小行政单位障塞，指挥管道是相当畅通的），但是，上级指令往往相当简单，在执行细节上，地方可以有自主解释的空间。

所以汉代形塑的社会是一个底盘很宽很厚的金字塔，层级之间意见可以沟通。全国有一个巨大的网络，通过道路网，不仅实现人员来往、信息交流，货物资源也可以交换流转。正是这些相当畅通的网络，使地方农产品可以经过交换成为商品。因此汉朝农业与欧洲中古时代的农业相比，市场性比较强。汉代形塑而成的中国，内部血脉神经畅通，底盘稳稳地扎在基层。两汉四百年演变中，虽然这个系统在慢慢败坏，但四百年奠下的基础，为后世的中国立下规模。

汉代文化的特色是厚重。不仅政治制度如此，甚至表现在文学、艺术上。以厚重为基础，乃是汉朝整个形塑的结果。

汉代幅员广大，可是汉代疆域是慢慢地扩大的。汉帝国和匈奴对抗，汉人在西域一步步扩张，西域各国并不由中央直接统治。在西南，所谓西南夷地区，一条一条通商路线即“道”伸入边区的内部，经过贸易、移民、文化的传播，这个道路网终于愈编愈密，然后汉王朝收服了西南。东南方的经营也是如此。汉帝国发展步伐缓慢，但是结实，步步为营，一步步发展为结实的中国。汉化的过程不是很剧烈，也不是很快，各地留下的地方风俗还是非常清晰可见的。

再讲汉代中期的败坏。任何系统，借用佛家的话，都有成、住、坏、空四个阶段。汉代的基础逐渐败坏，也经历了这个过程。关键是在地方层次出现了监督官员的州刺史一级，郡成为中间单位，上面添了州一级。基层的重心往上拉，基层变弱了。十三个州有能力和资源，足以挑战中央，中国就分裂了。同时，以儒家为主的官僚集团拥有社会力，社会力经常和政治权力对抗，双方都因此耗损。到了东汉时期，儒家学者也分别走向了两个方向：一些人走研究古文的路线去整理经典；另外一些人则空谈时政，批判现实，却又没有努力建构坚实的理论基础。社会与文化的精英不能稳定政治社会的复杂系统，而导致系统内部严重紧张。这个就是成、住、坏、空一步步演化的过程，最后，这个庞大的复杂系统因内耗而衰弱，终于难逃崩溃。

唐代：超越“帝国”的多元“国际秩序”

唐朝和汉朝有很不一样的地方。唐朝是继承了北周的府兵集团而来的，隋代的皇室、唐代的皇室都是北周府兵制里面大将军们的后代。北周是汉化胡人与胡化汉人合并而成的，所以本身就是胡汉混杂而来。隋在北方立国，并吞南方，统一中国。隋末天下大乱，唐室兼并群雄，建立了中国历史上的一个主要朝代。唐代的前半段，统治中国的上层成分包含关陇的府兵、山东的豪杰、北方的古老世家和南方的世家大族。唐代社会阶层分上、下两截，不同于汉代的编户齐民。到了武后时期，扩进士科，以文学取士，逐渐打破世族独占官场的局面，民间人才与大族势力此消彼长，在中唐以后，社会的阶层化方才逐渐拉平。

唐代疆域广大，比汉朝还大，人口成分相当复杂。南北朝以来，南北分别发展，南方融合了许多原居族群，也吸收了北方移民带来的中原族群成分。在北方，胡人进入中国后，不断地汉化；边区居住的汉人，也在不断地胡化。中国人口的成分，因此非常复杂。我写过一本小书《我者与他者》，书中就有一部分说到，唐朝的中国人，用今天的话讲，增加了不少外来的基因。唐太宗被称为“天可汗”，它与皇帝的称号不同，代表唐代政权超越了传统的中国。“天可汗”的唐朝不是一个帝国，而是一个具有国际意义的秩序。

这一国际秩序的地理范围，超过汉代以来的中国。唐朝在西北设置安西、北庭都护府，管辖范围可达今天阿富汗的大部分。唐代中国本部有三百多州府，羁縻州府居然有八百多。“羁縻”，不过挂名为中国的地方行政单位，不是真正的管理机构，这些地方仍由自己的酋长、领袖管理，只是他们挂了中国的官衔号而已，如都督、节度使等。当时，亚洲东部，西到阿富汗，东到日本，地方郡长都在自己的名号外兼带中国的官衔。因此我才说，唐朝不是一个帝国，而是一种国际秩序。

不过，唐代制度也真有推行于远处的例子：唐朝实行的“均田制”，在今天新疆的古代文献中也可以见到。反而在中国本土的南方，却至今没有找到均田制的痕迹，可以推知，唐代施政之多元化：各地有各地的处理办法，各地与皇帝的关系并不限于一格；唐代的秩序，乃是多元的、结构复杂的系统。今天的观光客在陕西乾陵，亦即武则天和唐高宗的陵墓旁边，可以看到几十个没头的石像，背上的名字显示他们都是西域各地的部落领袖。这几十个外族领袖，拱卫唐代帝后的陵寝，表现了唐室秩序的兼容并蓄。唐代皇族似乎也并不认为自己是“中国人”，至少不太遵守中国的礼俗。一些唐代皇族的行为，并不符合儒家的礼教。

唐代秩序的多元性，乃是许多不同的线索编织而成的特色，并不是奠基在一块基盘上，是比较同质的结构。唐代的一级行政单位，当时称“道”，就是一条干线及其分支路线覆盖的区域，是一个枝柯编织的网络，不同于汉代一块一块的州、郡。道的功能，可以从节度使和转运使两个官职看出其注意点在于兵马调动、物流运送，此乃线状连接的控制机制，而不是层面堆垛的统治结构。唐朝的形塑就是如此。

我们再看唐代中国人的信仰。这个时候佛教传进来很久了，唐玄奘和其他和尚继续求经，也分别创立了许多佛教宗派，奠定了中华佛学的基础。另外一方面，摩尼教、基督教中的景教，也都传入中国。武则天觉得自己是金轮皇帝，金轮是太阳，不是天。而中国是将“皇”与“天”画等号的，她跟太阳画等号，这不是中国的传统观念，是摩尼教的观念。她自己取字“曌”，是太阳照耀人间的意思，观念上已是拜火教的太阳崇拜。唐代儒家、道教、佛教、摩尼教并存，同时被国家尊崇，而儒家并不是最兴旺的信仰系统。这是一个容忍不同信仰的时代。

再以文化成分为例，唐乐十大部，大部分是从西域来的，还有从高丽来的。生活起居方面，中国的传统是席地而坐。唐代却逐渐发展了汉以来的座椅和胡床，人们逐渐习惯坐在椅子上。凡此为例，唐代的文化面貌与过去不同，不仅是多元的，而且包容中国和非中国的东西。

在当时的情况下，西方的秩序是独断的、排他的，而唐代秩序则是多元的、包容的。后来中亚和西亚被伊斯兰教的发展吞食，中国还收留了这些因伊斯兰教扩张而被赶走的部落群众，人数达数百万。日本、朝鲜来的留学生在中国不走了，留在中国居住。这一国际化、跨文化的秩序，显现的特点就是宽宏博大。汉代厚重，唐代宏大，中国两个重要朝代，分别呈现了历史的特色。

宋代："天水一朝最自由"

经过残唐五代，中国北方处在不断的战乱中。各种胡人族群，彼此争斗；战争之中，汉人、胡人已经混淆。石敬瑭是胡人还是汉人？已经不清楚。赵匡胤是汉人，可是，赵家世代将门，在胡人的军人圈中发展，也难说是汉人武力。宋朝开国，中国北方并没有回归汉人统治：除了辽国占领的地方没有再拿回来，石敬瑭送给辽的燕云十六州也始终是辽国的疆土。中国西南地区，本来是汉、唐统治的疆域。五代十国时，南诏国崛起，吐蕃更是强大，面积超过现在的西藏。中国东方，日本、高丽纷纷独立。金庸的小说中有"五国"，也是事实。

所以，宋代的中国，在当时的东亚，不是共主，不是帝国，而是必须处在列国环伺之下的一国。对北面的强邻，宋朝必须以丝帛、白银换取和平。对南方，宋朝以海外贸易换得盈利，作为向北边、西边换取和平的本钱。宋代中国和汉唐不一样，实际上只是列国体制的一员，不是帝国，不是笼罩四方的天下秩序。

在国内，由于宋代皇室“杯酒释兵权”，从此重文轻武。宋朝禁军，号称八十万之众，拱卫首都，其实没有战斗力。北边的国防仰仗地方军队——杨家将是地方军队，折家将也是地方军队，具有一定的地方性，只保卫自己的家乡，调去别的地方，就不能有效地作战。所以，杨家将故事的遗迹，几乎不出晋、冀一带的太行山区——宋代中国，几乎没有国防实力。

在宋代的地方官制中，首长没有一把抓的全权：管民政的只管民政，管财政的只管财政，管司法的只管司法，在同一辖区的官员，彼此不能协商，等到汴梁的旨意下来才能做事。于是地方政府职权分割，难有工作效率。地方豪强遂成为实质自治的领主。宋朝地方上有许多武装村落，不仅在边区自力保卫乡里，在内地也维持一定的安全和秩序。有些地方，缙绅士大夫掌握地方事务的发言权和领导权，他们往往发展为一个地方士族的权力网络，世世代代控制乡里。民间社会权力和国家政治权力之间是互存的关系。

宋朝重文轻武，经由科举，儒家士大夫独占了文官体系。可是，在这个儒家最得势的朝代，儒家理念并没有充分展开的机会。朝廷上不断的党争，使政府的运作几近瘫痪。宋朝官员俸禄不恶，即使被贬下去，也有高官被贬为低官后照领高官薪水，或者高官被贬去管理道观又挂个官衔的情况。宋代文人的文章、诗词、书画，在中国文化史上有极高的地位，其中一些极品是文人学士在穷困环境中的作品。

宋代儒家，继承唐代韩愈引发的对形而上学的思辨，发展了形而上学的本体论与知识论，论述人性、天道、理性等大题目。从北宋两程（程颢、程颐），到南宋朱熹、陆九渊，建构了博大精深的道学理学系统。在中国思想史上，这无疑是一桩大事业。不过，孔门四科——德行、言语、政事、文学，宋儒显然只关注到德行的理论部分，遗漏了德行的实践和其他三科。宋代以后，一般儒生脱不开这一限制，学者不少，能投身经世济民者少，这也违背了孔子救世的理想。

宋代不是完全没有能办大事的人物，范仲淹、王安石、辛弃疾等人都有此志，却不得当时士大夫的支持。范仲淹订立族规，以及宋人的乡约制度，就是地方上社区自治的约定，至少在社区层次有了行事的规范，也响应了时代的需要。

宋代的格局不大，国家、社会约束不多，一切比较自由，没有什么“文字狱”，也没有太多的言论禁忌，用陈寅恪先生的话来说，天水一朝最自由。

我拿这三个时代的格局和秩序说明中国的转折、改变可以很大，而且转折造成的后果可以是很大的变化。中国不是一根筋到底的历史，可以有很多形塑的过程。

我们读历史，不要单单背历史事实，要看大的方向，看总体相。凡此宏观的解释，也无妨为了解读切身困惑而引发的问题。天下一切事物的发展，都有它的起承转合，都有起始、发展、转换、结论。借佛家的说法，都有成住坏空，都有生老病死，内有新陈代谢，外有刺激启发。

全世界被西潮打败的国家中，只有中国站起来了

近三百年来，西方文化崛起，形塑了今天的世界，包括中国在内，处处都被西方现代文化笼罩。可是，现代文化本身也有发展的过程，有起承转合，有成住坏空：以美国、英国、德国而论，它们都已经到了坏的地步；以法国而论，它

老早就坏了；意大利、西班牙更不必说。至于日本，它模仿西方，惟妙惟肖，明治以来，就开始挑战全亚洲，挑战全世界，战败之后，又紧跟美国的步伐，今天，日本提早坏了。

现代文化本身正在转变，我们不能单纯地模仿，照本全抄。现代文化在转变，所以我们也要参照它的转变自己调整，不应只是超英赶美。中国要和现代文化对话，不能让西方做舞台上的独白者。今天的世界，谁有资格做西方的对话者？东亚可以站起来和西方对话。

但是如果我们自己没有准备的话，潮涨可以把我们推上岸，而潮退就能把我们卷入大海。如果我们无以自立，我们就永远不能创新。所以我们求自立，必须寻找问题，然后寻找解决的方法。中国必须在西潮退去后，找出另外一个选择。在东西方的文化对话后，找出全人类都可以借鉴的模式，这是中国今天应当做的事情。

今天中国不能总是做那些花花哨哨图热闹的事情来炫耀于世人，我们要找的是真正有内涵的东西。我们要为空洞的躯壳安置内涵，这是为文化招魂。招魂，不是复古，不是怀旧，是以旧翻新，阐释人类存在的价值、个人存在的意义。从“人”的现象找到答案。

各位还年轻，还有无限的前途。一个老年人，对各位说这段话，盼望你们好自为之，招回自己文化的魂。我们中国曾经受委屈一百年，今天缓过来了。我曾说自己八十之年看见百年颠簸，悲欣交集：悲的是百年的悲苦过程和残杀，欣的是现在缓过气来了。今天以后，我们究竟唱什么样的曲子，是欢乐颂还是安魂曲？我希望你们唱的是全人类的欢乐颂，像汉朝一样厚重，像唐朝一样宽宏，像宋朝一样自由。我们最忌讳的就是刚站起来就开始自大。我们要用心想，用心看：既要看好处，也要不犯人家的错误。我们被人欺负过，但是我们不要欺负人家。我们许家有一个祖训："穷不失志，富不癫狂。"这八个字，中国人也要守住。我们一百年没有失志，所以我们能够慢慢站起来，全世界被西潮打败过的国家中，只有中国站起来了。但是，千万不能自满。这也是对各位的一个嘱咐。

第五章

近代资本主义与社会主义的演变

将来在世界经济体系出现之后，要如何形成秩序以及建立一套新的伦理，这些直到目前都还在尝试中，未来很有可能将发展出一种用集体责任来分摊风险的保险制度。

人类史上数次经济发展的情形

资本主义，尤其我们所讲的 Modern Capitalism（现代资本主义），所指的是一定时空下的社会现象。它具有时空的特殊性，是个专门名词而非通称（所以C应该是大写），它所指的并非只有发发财、做买卖而已。人类自古以来就有买卖的行为，例如用三只鸡换半头鹿，这就是一种买卖的行为。但是商业行为、经济发展也并不等于 Capitalism（资本主义）。我们首先来看看：中国历史上的战国时代有多个国家（诸侯国），每个国家在军事斗争与政治斗争的情况下，放宽了许多限制，所以民间生活相当自由。不但学术思想自由，商业活动也很自由，有不少的“跨国”交易。到了汉朝初年，商业已相当发达。当时如果再往前一步，类似资本主义的经济可能就会出现。可惜当时时机尚未成熟，后来的Modern Capitalism所需要的许多条件，当时中国的汉朝并未曾具备，可是也已出现了许多惊人的现象。举例来说，当时《史记·货殖列传》中的人物都是做一桩小生意就可以发大财，而放贷的利息也都可以高达20%，这些都可以反映出当时经济的繁荣，但是却称不上资本主义体制。

两河流域从两河文化时期开始，便在进行着远程贸易。今日伊拉克两河地区都是河谷，并没有任何资源，只好做买卖。城邦的建立，就是奠定在买卖的基础上。人们聚集足够的本钱，去采买城邦所需要的东西，再带回来进行分配。所以两河的贸易一直延续以商立国的精神，直到波斯占领该地区之后，其文化形态与结构才有所改变。在两河古文化的泥板文件中，我们可以看到最早的商业法律：欠债如何处理，借债要如何订约，债务的继承、财产的继承，都规定得清清楚楚，完全是以商立国的做法。但是这个地区尽管可以有庞大的商队，却同样也没有发展为资本主义。

中古时代的地中海有相当多的城邦，例如威尼斯、热内亚等，都是在进行买卖的城邦。城邦中有自己的银行、商行，甚至有足够的财富向附近的君主买下城邦的独立权。欧洲中古文艺复兴时代许多伟大的作品，例如米开朗琪罗或达·芬奇的作品，都是城邦内的富人资助完成的。虽然，地中海的城邦经济形式也没有变成真正的资本主义，但是已经为欧洲资本主义的产生打下了基础。

近代资本主义的发展

近代欧洲资本主义的出现，有三个条件。

当时欧洲境内列国林立，出现了跨国贸易。跨国贸易不同于境内贸易，中国发展的就是境内贸易，所以没有所谓关税问题、货币转换的问题。为了因应跨国贸易的复杂性，当时社会发展了一些配套的制度。

1492年，欧洲人发现了新大陆。同时在新大陆被发现之前，新的航道也绕过非洲到达远东地区，可说是打通了非洲沿海的贸易路线。这么重要的历史事件背后的因素，是欧亚大陆的陆路交通被奥斯曼土耳其大帝国切断了。当时不论是中国的货物运到欧洲，还是欧洲的货物要运往中国，都会被中间的伊斯兰国家收取相当高的税钱，所以当时的欧洲人必须尝试找出新航道。由于海难等意外，远程贸易必须冒相当大的风险；同时，还有资金呆滞的问题，因为买来的货品不晓得何时才能回本。凡此资金的呆滞问题、风险的赔偿问题，都需要有一定的制度来处理。

要派出一个船队，必须有足够的资本，普通的商家根本无法独立负担，因而必须累积许多的资金。

资本主义经济的特色

资本主义在上述这些发展条件下，演变成今日的情况，各个环节例如集合资金、分担风险责任都须有相应机制。首先就是要能够集合个人散户来累积资金，例如在股市发行股票。中国在几千年的买卖中，并没有发展出这样的观念。

银行也是个重要的机制，犹太人的高利贷以及中国的钱庄都没有形成今日的银行雏形。中古时代的地中海城邦为了因应海上贸易而发展了银行制度，又为了解决风险问题而出现了保险制度。

以上提到的这些，都需要国家的法律与公权力来保护与维持。欧洲中古以后出现的民族国家，是世俗性的政权。由于法律与商业的需求，市民逐渐拥有话语权。欧洲是列国体制，资金分属于各个国家。中国是天下国家，哪个地区有灾荒，全国的资源便往该地区流动，欧洲这种“隔水舱”的做法，可以保障某些国家自己资源的增长。

看看当时欧洲各国的情形：西班牙掳掠了新大陆的许多财富，可是却没有发展出任何机制累积自己的资金，所以其财富仅在贵族手上。英国资金的累积是为商业用，所以英国能成为资本主义起源的基础。英国的这套制度，包含了法律的保障与国家财富的累积，用一句话来说，那就是信用与资金。信用的维持不能够只凭良心，而是要靠法律。就是这套条件，构成了资本主义的基本特色。前面所讲的三个古代发达商业形式，都没有出现这套制度与主权国家体制，以保护内部财富累积的情形。

以上所谈的是国家共同体与资本主义形成之间的关系，接着我们来看看动机，这是属于文化范畴的问题。韦伯为了研究资本主义的形成，远溯到欧洲西北岸的经济发展史，荷兰、比利时等小国家发展资本主义与远程贸易的时间，比英国还要早。这些国家没有强大的王公贵族，但却有一群生意人，这些生意人大都聚集在自由城邦。韦伯要问的是：这些生意人为什么愿意勤勤恳恳地工作，但非常努力地工作之后却不享受？如果他们的目的只在于累积资本，那他们赚钱的目的在哪里呢？

韦伯指出：当时有一套新教伦理。由于当地属于加尔文教派，其最大的支派至今仍在比利时、瑞士一带。加尔文教派相信：人是否能得到永生是神注定的，世间的人自己并不知道是否可以得到永生；唯有在人世间获得成功、活得正直，并拥有成功的事业，才能证明自己得到神的恩赐。信奉加尔文教的生意人便相信：他们唯有拼命努力才能证明自己是上帝的选民。这是他们勤奋工作的主要原因，并非为了赚钱，甚至他们愿意将所赚的钱悉数捐给慈善事业。

以韦伯的说法来看，就是这种新教伦理促使这些人发展事业，后来英国的清教徒也以他们为榜样而发展出资本主义。这就是文化因素导致在特殊的时空下发展出资本主义的情况。

近来有许多人讨论东亚经济发展的奇迹，认为儒家的伦理与新教伦理有相同之处：中国人由于勤奋、节俭，才会闯出“亚洲四小龙”的名号。可是为什么一百多年前的中国人同样勤俭，却没有发展出傲人的经济？为什么甚至还有人说儒家是中国经济发展的拦路石？持这套说法的人并不明白韦伯理论的根源，新教伦理着重的是神召唤世人的使命感，这是动力本身，而非勤奋。

生产要发展资本主义，除了具备上述特色，还需要一个配合的条件，那就是工业革命。工业革命为商业生产开拓了新的领域。工业革命之前，商品都是手工制成的，产量并不大，同时经营者与投资者之间也没有明显的界限。工业革命之后，商业产品由机器制作，生产量大增，而工人数目也显著增多，资金的来源可能与工人（生产者）本身并不相干。以前，工坊的主人很可能就是劳动的工作者；但在资本主义与工业革命结合之后，情况就大不相同了，赚钱的人与做工的人完全是不同的境况。于是社会主义应运而生，即针对资本主义与工业革命剥削劳工的现象做探讨。

例如，三元的棉花变成价值五十元的衣服，马克思认为这多出来的价值应该是工人创造出来的，所以最大的贡献者应该是工人，然而工人赚的钱却是最少的。因此他认为要有公平的新制度，让劳动者得到应当有的报酬，社会是一体的，不该划分为两个阶级。而要达到马克思理想的境界，就必须经过阶级间的斗争过程，被剥削者要起来进行革命，以争取公平的待遇。

社会主义的发展

马克思并不是第一个提倡社会主义的人，这个求公平、求合理的追求其实一直存在于人类的理想中。比如中国《礼记·礼运》“大同”篇便提倡让鳏寡孤独废疾者皆有所养，这是社会赋予全体人员共同的责任，将共同所得的报酬公平地各取所需。再说，宋朝也曾有一个新桃花源的理想，以小说方式来陈述：当天下大乱时，人们躲入一个洞中避难，进去的人都得工作和种田，并且烧掉珍珠、金钱、货币，仅以劳力生产来供应消费，其间并没有剥削的形式。这就是所谓小的共产社会。

这样的理念不仅中国有，世界别处也有。人们认为社会的责任该由社会成员共同承担，这样的理想制度并不是从马克思才开始的，这种公平分配的大同乌托邦理想自古便有了。柏拉图所谓的 Republic（理想国），便是希望经由设计，规划出他所认为的合理社会。柏拉图认为要有个哲学家皇帝，智慧高、学问好、具理性，同时还要有很好的品德操守。他替社会进行规划，让不同能力、不同性格的人可以分工去做不同的事，就像是蚂蚁的社会组织，并由整个社会来负担所有的社会责任。老实讲，如果当今真的实施这样的制度，它其实就是一种独裁集权的制度，我们可能就很辛苦了。新加坡颇想朝这个理想迈进：先对二年级小学生进行性向测验，然后在四年级的时候进行分流，一流走升学的道路，另一流则学习粗浅的专业技能；到初二时，再次分流成升学及技职教育两个方向；到了高中，又再度进行分流。这就是新加坡的社会计划。

方才所讲的各种理想，包括柏拉图的 Republic 在内，都可说是社会主义的雏形，共同的责任与共同的权利，都是事先计划好的。

除了马克思，19世纪的欧洲还有人提出了其他不同的社会主义模式。其中一个是圣西门的“社区主义”，他想做一个实验社区，社区内的每个人各尽所能、各取所需，每个人都把握好自己该有的分寸：能吃多少就吃多少，而不可将多余之物据为己有。这个主义的背后，是社区共体、社区意识的理想。另一个则是由基督教的信仰所衍生出来的，强调博爱、互助、合作的“合作主义”。

除了以上两种想要实现社会主义的理想，还有“工团主义”。工团主义的基本精神是，工人本身不需借由革命，而是自己团结在一起，以自己的劳力进行生产与分配；如此一来，就可以无须仰赖资本家。这样的概念，类似于合作社——由生产者本身来构成这个合作的单位。这些理想，在当时都有人尝试与实验过，但是成功与否就很难定论了。

20世纪初期的资本主义

20世纪时，我们发现了许多新的情况：一方面那些老牌的资本主义国家都成了帝国主义国家，开始掠夺世界各处的资源，并以坚船利炮强行打开市场，也因此创造了更多的国内财富。而拥有最多财富的仍是资本家，所以财富分配不均的情形在20世纪愈来愈严重。另一方面，由于工业产品大量生产，效能激增，工厂的主人因此得到了更多的利润。再加上我们先前所说的，资本主义是建立在信用与市场上的，因此股票市场泛滥而无法约束。这些现象造成严重分配不均的情形，也造成了周期性失业的问题。

当生产过度的时候，产品滞销导致许多工厂倒闭，这些工厂的倒闭又造成了许多工人的失业。这样周期性的聘雇与解雇，致使不少贫穷的人穷而无告。有人提出了新的主张，其中之一就是像德国希特勒所提倡的国家社会主义。其主要的精神，是让国家来担任分配与节制的工作，如三民主义所说的节制资本，便有国家社会主义的精神在其中。因此，国家的权力扩大了，然而，国家的本质是设计来发挥政治功能而非经济功能的，因此这套主义难以生效。希特勒在20世纪30年代所实施的国家社会主义，反而让资本家与国家结合在一起，因此德国的资本家与希特勒是一体的。在这种情况下，工人可以得到一点起码的工资保障与国家福利，正因为整体的效率提高、经济发达，工人也在一定程度上提高了生活水准。

除了以上介绍的国家社会主义，另外一条路就是美国所走的方向。美国以福特为代表，走的是大量生产路线，目的在于薄利多销，让工人本身也可以成为消费者。所以福特生产汽车，为的就是让每个工人都可以买得起车子。这样的理想基础在于：产品愈多愈便宜，人们就买得愈多，工厂主所得到的利润也愈大，也就可以再做出更便宜的产品。这样的路线是从生产的角度出发，而非分配的角度，重点在于做大饼而不是分饼。不像前面的国家社会主义重视的是要如何分配得更平均，美国所做的是想办法把饼做得更大。

这两种办法都是为了矫正内部贫富不均的情况。但福特的这套办法并不是为了解决贫富不均现象而设计的，他只是为了实现将自己的工人转化为自己的顾客的理想。福特并非为社会理想去做，而是在实用的层面上，走上与国家社会主义大不相同的另一条途径。

资本主义的新发展

20世纪30年代的美国出现了经济大恐慌，股票严重崩盘，因为当时并没有所谓的跌停板的设计。而罗斯福所提出的新政，便是首次尝试要由国家来当节制者，国家对企业进行管制，不许任何企业扩大到垄断的局面。这就是反托拉斯法，用以约束资本家。在股市方面，国家制定法规来规范市场，不许内线交易、不许滥卖股票，让整个市场系统趋向合理公平。在短期救贫方面，国家大量兴建公共设施以解决失业问题；长期方面，则设立了社会保险制度，让每个人按工资缴纳一定比例的钱，等退休时，也就可以按月领回一些钱，以获得生活的保障。

这样的社会福利制度，加上前述的反托拉斯法以及市场的管制办法等，为美国式的社会福利国家奠定了基础。

以上是国家层面的社会福利，而工会的集体谈判是利用集体的力量，使得雇主不能对劳工过度剥削，法律给予工人公权力，让工人可以争取到应有的保护。工会的谈判，与先前的国家福利制度结合起来，就成为现代的社会福利国家常有的形态。

北欧及部分中欧国家，基本上将基督教的博爱精神与社区主义结合在一起，成为社会福利国家，认为国家应负起照顾每个国民的责任。每个国民可以自由地赚钱，但也要被课以重税，不过每位国民由生到死都可以享受到应有的福利照顾。今日在瑞典、挪威出生的人，只要他肯工作，就可以一生无虞。这几个国家都是高度民主化的国家，不用担心政治家专权或政党长期独断的问题。

我们再来看看战后德国的基督教民主党，他们就是以基督教的精神来组织福利国家。德国、奥地利今天都是采取这样的制度：学生上学不用学费，也不需要考试。总之，不论是美国式的自由经济精神，加上大量生产与薄利多销，还是规定、约束、集中全国资源，都可以说在相当程度上已经解决了资本主义所带来的部分问题。

结论

最近资本主义国家与社会主义国家所面临的最大问题，便是过度组织化。社会主义国家最大的问题在于国家组织、官僚组织与管理系统皆庞大，导致效率太差。苏联实施了几十年的社会主义之后，百姓已经不会做生意了，国家丧失了本身的调节机制。但工厂照旧在生产，只是百姓不愿意买，便没有消费市场。这就是高度组织化造成僵化，导致生产机制与市场无法配合的结果。

美国同样也面临高度组织化的问题。反托拉斯法只限制独大，并不能控制公司愈来愈大，以致管理系统变得相当庞大。政府机构、学校机构也面临同样的问题。例如十多年前垮掉的美国钢铁公司，就有十三位副总裁，这样的庞大组织拖垮了企业本身。而苏维埃社会主义共和国联盟的垮台，也和过度组织化有关。

和过去《国富论》的时代不同，今日的财富流转已跨越了国界，形成了跨国公司、多国公司，以及上下游国际分工的情形。这样的经济体制，已然不是由任何单一的国家可以管理的了。美国、瑞典现在是以累进制重税的方式，调节财富与资源分配。但如果有一天，公司的财富全放在国外，无法课以重税，国家又如何负担全国人民的生活与维护社会安定呢？这样的发展，使得过去以国为界线的集体安全制度，再度面临新的挑战。

过去若以货币理论来管制财富相当容易，就像是开关水龙头一样，前提是要在同一水缸中。但如果水域相通的话，则根本无法调节。今天以国家机制来调节经济，它的功能已大打折扣，不能再像过去那样以国家为疆域的观念来处理现代的经济问题。

将来在世界经济体系出现之后，要如何形成秩序以及建立一套新的伦理，这些直到目前都还在尝试中，未来很有可能将发展出一种用集体责任来分摊风险的保险制度。

接下来，我们来看看新的财富，也就是智慧财产与劳力财产之间的界分。昔日，马克思面临的是劳工与资金，如今的社会又多了智慧。知识创造的财富，像是取之不尽的宝藏，不似一般有形的资源会有用完的一天。创造出某个观念的并不是单独的个体，他很可能也受到其他人的影响。因而，财富的分配是一大问题：因为不知道这些人算是劳力者还是管理者。如果将来以机器人为主要的生产主体，不再有真正的劳动者，那么这些劳心者与管理者之间的界限、资本投资人与持股人之间的界限，以及管理者与持股者间的界限要如何划分是相当麻烦的一件事。此外，目前的工作者可能薪水不高，但却拥有配股，那么劳资之间的界限在何处？究竟是谁被剥削？劳动者是否得到适当的报酬？回答这些问题必须重新厘清前述公平、分配、安全、社会责任，以及个人发展的机会与权利等观念才行。

我们如果继续做大饼，总会有一天没水可用。台湾地区已经走到这样的情况，世界同样如此。没水可用的危机，比没石油还要严重。没有石油，我们可以想办法来减少能源的使用。今天的电脑所使用的能源只有一小部分，而1956年的电脑有三个房间那么大，当时所需要的能源就相当多。所以在使用能源方面，我们可以想办法来节约，然而对于土地、水和空气我们则无能为力。因此，人类做大饼能否永久持续下去就是一个大问题。

高生产地区与低生产地区要如何达到平衡？是高生产地区少生产一点，还是低生产地区努力赶上来，以达到齐头式的平等？如果大家一起生产，则必然会产生浪费，浪费的后果就是全球资源的耗损，这也是一个相当矛盾的问题。

从上述几点问题来看，我们对于前途并没有多大的把握，而且有着一大堆的棘手问题待解决。这些都是急切需要思考的问题，但是却看不见有哪个国家元首在竞选时会考虑这些问题。同样地，课堂里的教授在传授学问的时候，也未必思考过这方面的问题。一般教学只是传授过去的知识，并不往前看未来的问题所在。

以上是我给各位抛出的问题，应该是多于答案的。

问答录

未来世界发展可能的方向为何？

我们来谈谈未来世界可能的发展方向。将来，世界是不太可能变成一个统一的大国家的，至少在一百年内都不会形成大的“地球国”的局面。但是，因为文化的高度混同，各国之间会有相当大的统一性，尤其是科技方面的统一性，更具有相当的可能性。以电脑来说，全世界并没有第二种形式的电脑。所以生产方式、经济等都会慢慢变成无法分割的整体。这样的发展究竟是好是坏，我们也无法定论。

尽管如此，未来地区性文化的差异必然还是会存在。在经济合作方面，全球也将会出现区域性的合作与全球性的合作两个层次。区域性的合作，因为距离上接近，所以能源、资源可互补交流，其与全球性的经济合作，在将来必会形成全球性的大单位以及区域性的二级单位。而国家层次的合作可能会萎缩，被区域性的合作取代。

不过，值得注意的是，以城市为单位的社区，例如人口在一千万上下的城市社区将会变得更具体。换言之，国家总体性管理，将会导致许多福利制度不公平的情况。以美国为例，由于国家幅员太大，各项福利必须有各州政府的单行法来配套施行，才能落实。所以，这种地区性的社区单位以及福利单位的功能将大幅增加，且相配合的生态条件、工业生产的情况与经济形态，都将会有其特殊的需要。

以上是我大概描绘的未来前景。

事实上，文化的差异并不是坏事，因为在多元的情况下，我们才得以在新的问题发生时，找到新的灵感源泉，如果大家都形成了统一的大文化或价值观，就无法有新的想法产生了。不过，我们必须有一套普世的价值观念，使之在未来逐渐成形。这套普世观念，目前是由不同的文化、不同的宗教各自界定。例如，在基督教文化中，人权的观念最后可以追溯到上帝；儒家文化谈人权，最终则是追溯到“仁”，以人为贵；佛教的人权观念就比较难界定，因为它的众生平等观念，把人和其他众生都视为一样的事物，这又是另一个层面的事了。

人权观念会重新界定，不因不同文化而有冲突。以往伊斯兰教与基督教文化之间有冲突，就是基本观念不一样所导致；而西方文化的个人主义与中国文化的差序格局也是有距离的。究竟要以哪一种文化来界定，目前并没有办法肯定。但中国文化“以人为贵”的精神，至少可以减低宗教间因为信仰不同而引起的冲突。

这样的情况下，各个族群的优越感与自尊心却不能混为一谈：优越感是一回事，自尊心又是另一回事，优越感不需要存在，而自尊心则是应该要有的。凡此心态，仍需要大家努力去辨析。

伊朗教育部与文化部曾经设立了一个不同文化的讨论中心，想要以此打开伊朗社会的封闭思想。该中心邀请了国际社会学学会的学者来进行文化交流、文化对话以及价值比较。原本要举行十天的会议，却被自认为其地位高于宪法的宗教会议所干预，以防止自由主义的政府走向开放自由，因此这个由政府发起的活动竟迟迟无法得到批准。像这类的冲突，虽然在未来还是会出现，但必须慢慢地在尝试交流与对话中消融，且在对话中逐渐地产生大家可以共同接受的价值。这样的工作漫长又费力，且相当细致，所以需要一段相当长的时间。

请谈谈资本主义的未来。

资本主义以市场取向为本，且是个人主义，其修正的空间相当广。因为资本主义不是教条，而是不断演变的结果。可是在计划经济及管制经济之后，出现了一套新的古典主义，以亚当·斯密的理论再加以修正，形成了相当有力的经济理论学派。这套理论在有些地方成功了，有些却失败了。智利就是个失败的例子，但东亚的一些国家实施管制经济的结果还算是成功的，但也不是纯正的新古典主义了。

然而又出现了一些新的课题，举例来说，1998年获得诺贝尔经济学奖的学者阿马蒂亚·森（Amartya Sen），他讨论的主要课题就是贫穷问题。过去的经济理论讨论的重点都锁定在生产、分配、流动上，而他讨论的却是“贫穷问题”，这就是个相当重要的方向。一位心理学家曾讨论了不合理的经济行为，不像过去亚当·斯密讨论的是一套合理、理性的经济行为。这套不合理的经济行为近几年来一直在被讨论，其中包括文化价值取向与行为惯例等。

换句话说，资本主义在纯粹理论方面所探讨的范围，已远超过经济行为的范畴，而涉及了文化的观念。这样的观念，又与先前所说的将来会产生大的全球性文化对话，以及交流后将会产生何种价值，这样的价值将会刺激新的行为产生关联。所以资本主义的未来拥有的开放式前途，需要不断地试验与修正。

这样的演变与生产手段也有关系。智慧财产、基因、人工合成等生产手段出现以后，都将改变我们生产与消费的方式，所以我们未来有相当多的可能性，全赖我们如何去寻找与试探。

这又牵涉到某个大问题，有人问道："研究历史的人，懂得太多就以为历史会重演；是不是不懂历史的人，反而可以开创新境界？"其实不然，因为真正懂得历史的人相信历史永远不会重演。这就等于天天走路上班的人，虽然走的路一样，但是走的路况并不同，因为路上所见、所闻、所思、所想都不一样了，没有两次是完全一样的体验。就像是水流过去之后，就再也不会回头，不可能像放映机般可以倒带。只有最差劲的历史学家会说历史会重演，事实上，历史的作用在于提供警告与教训，而不是表示历史会重演。

反过来说，不知道过去的人，也不可能知道未来。我们在路上走，如果不晓得自己从何处来的话，又怎么知道要往何处去？我们要有个轨迹，才会知道要往哪个方向去。所以不知道历史的人，并非可以创造新境界，而是在重复着旧错误，因为人类的智慧有限，很可能重复走错了路也不自知。

历史的无用之用，就在于让人学习。我们从孩童长到今天，就不断地重复思考着昨日的经历、上一刻的经历，这也就是人类不断学习的功课。因此学历史是为了消化人类的共同经验，而不是在一定的轨迹上寻找必然的结果。所以，我们在过去所学习到的，并不是规律，而是经验，是我们继续向前进的参考。

资本主义与社会主义，基本上这两者之间并不是分和合的问题，而是相互激荡的关系。因为唯有面对挑战，才能发现自己的弱点；弱点唯有在被挑战的时候，才有机会修正。所以如果没有敌人，是不会有长进的。

基督教文化对欧美政治文化有何影响？清教徒文化思想对美国人有何影响？犹太教、犹太人在美国或世界的影响力如何？

美国的立国，是由清教徒开始的，也就是“五月花号”上的那一批人，可是今天的美国人早已不是“五月花号”上的那批人了。美国在十三个殖民地的时代，清教徒有一定的影响力，但并非具有决定性的影响力，不过都是基督教徒。反映在宪法上，就是说“上帝给予人民公平的机会”，这可以证明其立国精神受到了基督教相当大的影响。

到现在，虽然美国政治持守政教分离政策，可是有些东西仍是无法分开的，其中最严重的就是人权观念。他们的人权观念来自上帝赐予人的特殊权利：人是万物中最后被创造的，所以拥有特别的地位；神给予人特别的地位以及特别的使命，所以神所给予人的，人不能拿走；而神并没有创造两种人，所以每个人都一样。这样的观念是美国民主政治相当重要的基点。

从美国的政治文化来看，如果去掉这个基点，则合众国就不会存在。也因为这样一个基点，只要是合法移民入境的人，只要他们愿意，五年便可以成为其族群的一分子，不需要问这些移民者的来源、族群、血裔、肤色等。当然这样的理想状态也是经过多年的奋斗实现的，因为最初妇女、黑人是没有投票权的，黑人在马丁·路德·金领导的民权运动之后，才取得法律上的完全权利，至于生活上是否拥有完全权利就不一定了。

不过基本上，法律给每个人的保证是一定的，以李文和的案子来说，若是在别的国家可能就相当复杂。我们今天认为李文和受到了不公平待遇，不过他的嫌疑将来应该可以洗刷得清楚。[①]

话说回来，不论你是哪个族群，在美国都缴一样的税，享受同样的社会福利，可是在一些别的国家就不免要讲究信仰、血裔了。在很多国家，要取得他们的公民权是相当困难的事，连瑞士都很不容易。因此美国的开放应归功于美国政治文化背后的精神。

今日美国的教派相当多，所以真正的清教徒人数已经相当少。基督教从最自由到最严谨的教派，在谱系上的分布也相当宽。基督教在美国有兴也有衰，二十年前曾经衰微过，如今正在复兴中。凡是自由主义兴盛的时期，也就是宗教浪潮退却的时候。而当自由主义走到某个地步，人们开始觉得寂寞、迷惘的时候，就是宗教思想兴盛起来的时候了，两者的曲线是对差的：一个在波峰，另一个就在波底，并且有周期性的循环。这样的周期并没有一定的时间性，而是出现这样的现象。这样的动荡持续已有七十年，循环了两次半，目

① 2006年李文和已经得到美国联邦政府和五家媒体组织赔偿。——编者注

前正走到一个周期的尾巴。

东方宗教对基督教造成了极大的冲击，尤其是印度教及藏传佛教的喇嘛教，都相对吸引了不少信徒。至于黑人，因为当年伊斯兰教帝国曾经席卷北非，非洲的黑人有一部分是伊斯兰教徒，所以美国有相当多的黑人信奉伊斯兰教。天主教则集中在西班牙语系的族群中，加勒比海及西班牙语系移民来的人多半是信奉天主教的。

因此美国宗教内部的划分相当复杂，不过有个已持续十五年的宗教现象正在退潮，即预告世界末日的小教派，例如天门教等。

犹太人在美国得到今天的地位，是经由挣扎与奋斗所争取来的。最初他们受到的待遇并不公平，因为在欧洲犹太人一直受到迫害。在美国的犹太人，首先是在学术界与金融界崭露头角。如今犹太人已经完全突破禁忌，可以和欧洲人得到完全相同的竞争机会。我想，东方人大概再需要二三十年就可以得到犹太人今天的地位。少数族群得到尊敬是相当重要的事。黑人由于其文化背景，不太容易得到他人的尊敬。他们太过于乐天，所以并不愿意努力工作，这是文化上的问题。这一点我们可以从学术界的现象来看，愈是学术界困难的领域，例如高深的数学、自然科学等，愈是找不到黑人，他们大多分布在比较容易的学科（例如教育学、英语等实用学科）上。因此，黑人也不太容易进入管理阶层。

话说回来，犹太人在美国已然度过了被歧视的阶段，而且影响力远大于他们人数的占比。他们在奋斗的过程中，已经懂得怎样表现自己、推销自己，让别人了解他的长处，这就是东方人比较难做到的一点。

请从历史观点与国际法观点来剖析一下“台湾地位未定论”。

“台湾地位未定论”，是在日本人投降之后，由美国军方驻台的人首先提出来讨论的。他们的理由是，他们不相信国民政府可以稳定，不愿意让台湾变成共产主义的基地。所以“台湾地位未定”最初的争论点在于，虽然国民政府有权力接收台湾，但因为当时连旧金山会议都尚未举行，也尚未签和约，因此台湾的地位未定，美国应当负起托管的责任。美国的这套说法主要是出于战略考量，法律问题只是个借口。

台湾地区发生“二二八事件”之后，台湾本土以及在日本的台湾人士便再度提出这个问题，认为和约尚未签订，那么，日本是该和北京签约，还是与已经垮掉的国民政府签约？国民政府是不是可以合法代表中国？这是从国际法的角度来看“台湾地位未定论”。

美国的全球性战略，由几个三角形构成：其中一个大三角形是以美国为中点，欧亚占两边，由美国来平衡全世界；太平洋也是个大三角形，包括日本、中国、美国；在应对中国的战略上，中国台湾地区、中国大陆、美国又是个小三角形。在这个小三角形战略中，美国希望可以结合台湾地区制衡中国大陆。这在海军战略上，属于地缘政治。台湾地区属于岛屿链的一环，可以锁住中国大陆，这一套则属于旧的海军战略观念。

现在美国的政策讨论中，这样的战略观念还是存在。所谓鹰派发言人背后的力量中，有一批是老反共人士，延续冷战观念；另外一批是军火商，将台湾地位说得愈重要，他们军火销售的市场就愈大；第三股力量是自由分子，因为他们认为中国大陆没有人权，所以要保障台湾地区的人权；最后还有工会，他们是为了抗议中国商品剥夺了他们的工作机会。这四股力量结合在一起，让鹰派的发言力增强，让克林顿政府无计可施。

但实际上，今日的战争并不是海军战争，过去的岛屿链战略那一套已经不适用。今天任谁也不敢打大战，顶多也只是局部战争而非全面战争。所以用旧日的战略观点来重新讨论所谓“台湾地位未定论”，根本上是有问题的。

至于台湾地位本身，中国政府与日本政府已在签订的和约中约定归还，在国际法上讲，一个战败者归还当初强占的领土，并没有可置喙的余地。

您认为三国时期的蜀汉与今天的台湾有没有可比之处？

我认为不能从历史来比较，两者的情形并不相同。三国时期的蜀汉与今天的台湾地区可比也可不比，因为条件太不一样。也许可以拿来比较的是，诸葛亮在《后出师表》中所提及的人才的凋零与资源的损耗，不是得到了南中就可以补得回来的。台湾地区的本省人以前几十年所积累的资源与人力，与大批由大陆过来的外省人共同建设了台湾。日本人撤走的时候，台湾的人才出现了缺口，这些大陆的人才适时地补了进来。虽然并不能说补进的人才人人都是一流的，但大部分人确实是精英。以当时台湾大学历史学系与考古人类学系来说，他们的阵容比当年大陆的北大及清华还要强大。当年的这些人才，是从全中国几亿人中挑选出来的精英，如今虽然台湾地区的平均教育水准提高，但是从学术界的情况来看，我们仍找不到几个世界级的人物。这就是《后出师表》中提到的现象。台湾目前所面临的艰困局面，并不亚于当年大陆那些人才刚到台湾时。

我在美国教了三十年的书，看见最近台湾地区去美国的留学生过着安逸舒适的日子，一有假日就去度假，不像我们当年，一有机会就在图书馆里头工作。在学生考试的时候，我们便看见台湾的子弟在与大陆的学生的比较与竞争中常常处于劣势。这样的劣势并不是因为人才分布或是资质的问题，而是生活态度与学习态度所造成的问题。

唐太宗成就我国历史上的贞观之治，其成就的关键为何？

简单来说有几个关键：首先是唐太宗愿意听劝言，再难听的话他都肯听；其次是权力下放，让各部的首长放手去施政；再者，重用外来的人才，高丽人可以当将军，越南人可以做秘书，真正做到唯才是用。唐太宗的朝廷上，南朝的人当文臣，北朝的人做武将，并没有界限，这些都是贞观之治成就的关键。

第六章

重建人文价值与社会伦理

我们若要从日常生活中来架构与建立这样的价值感，便须首重信任。因为人与人之间如果没有信任，就没有语言的存在；如果没有语言的存在，就不会有交流，也不会有文明；没有了文明，社会便很难建立。

历史上的几次转折

从历史上来看，中国文化本身经历了几次转变，每次转变都会面对不同的情况：从孔子的时代、汉朝、宋朝、明朝以至现在，这是一个曲折的过程。

温习过去的过程，我们必须认识到“中国”这两个字的定义，尤其是文化圈的定义，而不单是民族的定义。近代中国因处在列国的体系之下，必须界定出一个民族的定义，作为国际间竞争的单位，这就好比一个不想打架的人，一头栽进打架的群体之中，也只好开打了。于是，民族就变成中国的定义了。

民族主义是凌驾于个人之上的，背后隐含着某种集体主义的心态。当时中国已经被欺压了一百多年，民族主义的诉求也就愈来愈强。最后，民族主义本身变成理由，使得成员个人必须服从在民族集体下。

现代的崩溃

在20世纪的下半叶，列国体制的结构已有所改变。改变的方向，是走向多层次的集体（或者说共同体）。每个层次的共同体，它约束的力量都不一样，要求成员涉入的程度也不一样。因此，这些共同体不是以同心圆的方式存在，而是交叠在一起的。在这样的情况下，较之单纯的民族国家的诉求，多元共同体的认同便相当复杂。以下是我所认为的几个促成这种变化的重要因素：

其一，科技。

其二，资讯化。

其三，多国的经济结构。

这几个转变，都会对过去的共同体（国家）造成冲击。过去不同的宗教、不同的文化结构，致使个人有不同的价值观。现在却是因这几项影响因素，许多人开始对他们所熟悉的价值观有所质疑。

再则，每个人都在快速地移动，他们的迁徙范围、迁徙频率与幅度都大于过去。他们面临不同的环境，价值观也随之会有不同的转变。

在这样的状况下，每个人都会发现，过去他们所熟悉的情景、情境都已不再那么熟悉。对不断搬迁的人而言，以过去那种确定的价值观，在没有变动的环境与规则中照章办事，已变成一件不可能的事。

因此，我们必须尝试着重新建立与过去完全不同的基本架构，也就是说，以目前的科技、工业、商业、学术等主要力量为基础去建立新的价值观。

这些可以构建的观念，其实可以与过去的观念差别不大。不过，抽检这些观念的程序和理由，却必然与过去不一样。

过去的价值观念与行为规范，大致上是来自宗教信仰。从前世界上有几个主要的文化体系：

其一，印度的婆罗门教、印度教、佛教，这是所谓的印度系统。

其二，孔孟，加上道家，这是所谓的中国系统。

其三，犹太教、基督教，以及同为亚伯拉罕教的伊斯兰教。犹太教、基督教与伊斯兰教，它们在大体系的架构下，其实是一致的，都是独一尊神信仰。

先从基督教说起。犹太教和基督教的道德体系，是从神那里来的。神是独一无二的，在犹太教中，神是创造者，也是命名者，但并没有提到是不是监督者。而在基督教中，神既是监督者，也是裁判者。对这两者而言，神是唯一的，不容许有其他的东西来取代。

伊斯兰教基本上也是同样的体系。在伊斯兰教的教义中，人的伦理道德就是来自神；换句话说，道德的来源就是神的恩惠。因为神创造了人，使人凌驾于万物之上，于是神对人也有相对的要求，即人必须负担起特殊的责任。

这样看起来，犹太教、基督教、伊斯兰教之间似乎没有区别，但如果再去细分它们，其实这几个宗教之间还是有较大差别的：犹太教的神，只是犹太人的神；基督教里的神，则是所有人的神。换言之，基督教里，所有的人都是一样的，而犹太教里，则表示在所有人中，还有一些更优秀的人，这些人就是选民。基督教里也有选民，不过选民就是所谓蒙恩得救的人，是经过上帝特赐恩惠的人。伊斯兰教就有更多的不同：伊斯兰教也有神，但除了神，还指定了一位先知来负责执行法令。对伊斯兰教徒而言，人只是世上的过路者，世界真正的主宰是神。这点又与犹太教和基督教的说法不同，它们认为神创造这个世界，然后让人享受这个世界的美好。以基督教的教义而言，人介于上帝和世界之间，有特殊的地位。

对犹太教而言，他们的基本价值观，根据《旧约》记载，是从他们走出游牧生活、走进城市进而建立国家之后，才建立起来的。他们自律甚严，对自己的要求很高，因为他们自认和其他人不同，他们是上帝的选民。今天在美国的犹太人的人数只是总人口的一小部分，但由于他们训练严格，在各个领域的表现都很突出。他们如此严格自律，所秉持的就是这么个信念：每个人都要为神负责。

其实，基督教基本上也强调“人要向神负责”，不过是基于以下三个原因。

其一，自己已是个基督徒，由于信仰基督教而成为选民，已然因信仰而得救了，所以是好人，是神挑选过的好人。

其二，神是不是选你，或者你是不是神的选民，目前还不知道，必须等到末日审判的时候才会知道。所以人人必须表现良好，证明自己是被神所挑选的人。

其三，这是从第二种说法衍生出来的，你确定已经是神的选民了，所以你应该表现得很好，以证明神并没有选择错误，来彰显神的万能，荣耀神。

于是神就变成你的保人、你的道德来源、你绝对的依据。

这套理论虽能自圆其说，却也有吊诡之处：如果神改变主意了怎么办？你不能要求神不改变主意，因为他是绝对的，连善恶都是他规定的，你怎么能要求他？此外，如果我做好人，神就一定会把我当作选民，那岂不是我用自己的力量去影响神？如果我已经是个好人，但是神却不选择我，那么神岂不是个随意任性而行的独裁者？总而言之，对犹太教和基督教而言，道德的唯一来源就是神，在这方面，人是不能自主的。

再讲婆罗门教、印度教及佛教的部分。目前，印度已经是印度教的天下，佛教已经发展到中国来了。

在印度的文化圈中，人与其他生物一样，生命是暂时的，如梦幻泡影，如露亦如电。然而，我们还是可以有疑问：如果生命的存在只是过渡，那么为什么还有恒久的道德呢？

中国人相信佛教的菩萨是神。但是婆罗门教的理论认为世上只有一个大宇宙，所有的生物都不可能成为神。宇宙之中有种种面相、种种名称，人人都只是宇宙之中的一种面相。在印度教和婆罗门教中，神的力量都只有一种：大婆罗门。以中国话来说，大概就是所谓的道、真理、力量。而这样的观念是相当抽象的，它具象的表现就在万事万物的蓬勃生机上。

因此，若推究到万事万物的存在，在出生之后死亡之前，先为何物即是何物，轮回之后又是另一物。在轮回转世之后，究竟会变成什么，是由谁决定你的转世，在印度教里，这样的转世是随机的，但对人类而言，这样的随机却很扰人，因为人类完全无法认识生命。

然而，就印度系统来说，现世的表现其实更重要。人不得扰乱世界的秩序，不许损害所有的生物，这样的观念就是所谓的“悲”。此处的“悲”，不是悲伤，而是悲怜、悲悯。宇宙的秩序不容颠覆，因为万事万物都是宇宙的面相。即使是人，也没什么特殊的地位，只是极其微弱的一个面相。世界在这个人的生命体离开之前，都不得因为此人的扰乱而有所损伤，于是个人必须遵守某些规定且必须自律，社会规范与道德就由此而生了。

以上理论是原始印度教、佛教的面貌。但现在的印度人，外表信奉印度教，内在却是英国人的行为标准。而佛教之所以不能在印度这个地方存在，是因为佛教里的悲悯已经超越了印度教。印度教依仗繁复的仪式来维持秩序，以此强调人与宇宙的合而为一。

最后我们谈谈中国的文化系统。

孔子提出了“仁”的定义，就是讲男性的气概、精神与气度。而这个源头，便是封建时期的士。这些最低阶的贵族阶层，他们自有一套品格德行的原则要守，例如，对上级一定要忠，对朋友一定要义，对妻子一定要礼。这是古代贵族对自己的期许，显示他们地位高，是高贵的人。孔子将这些标准套用在每个人身上，认为每个人都是高贵的，都应该达到“仁”的境界，由此才引申出仁、义、礼之类的学说。

但孔子并没有进一步说明为什么非得如此不可，因此孟子就提出“人性本善”的说法，说明四端之心人皆有之。孟子说，恻隐之心，仁之端也；羞恶之心，义之端也；它们是仁义礼智的起始。孟子所提四端之说，其实是为了辅助说明孔子的仁。孟子的这种说法很难证明，也很难辩驳，中国的儒家思想体系由此衍生。仁之可贵，就因为你是个人，而且是个好人。

但荀子则提出“善者伪也”的说法，也就是说要达到善，必须努力去修养自己、训练自己。这套道理在逻辑上说得过去，但是问题又来了：用什么标准训练呢？

中国道家的思想与印度教比较接近。道家的“道”，是完全不能解释的。老子开宗明义地说“道可道，非常道”，道是不能解释的。是以道是玄妙的，人只能体会，不能言传。道家的神秘主义颇接近印度教。不过道家讲“无”，崇尚自然，不讲仪节，认为迷迷糊糊的婴儿境界是最高的。

儒家和道家，形成中国的二元道德观：儒家崇尚积极、进取，道家则提倡谦卑、隐退、消极。不过这两者依靠的都是人自己的力量，与神没有关系。

因此，我们可以说，过去世界的三大文化体系，就是一个以神为中心（基督教），一个以宇宙为中心（印度教），一个则以人为中心（中国）。

世界的这三套系统，后来又出现了问题：首先是神的世界开始出现疑问，因为人们在西方的科技研究里找出了许多规律。牛顿的时代，科学家以为科学有各种定律，人类若依仗科学就能懂得上帝的法律，那么也就不需要上帝了。不过，我们知道科学上的规律是有限的，必须预设一些条件，人类其实还抓不住绝对的规律。而且因为在量度上有困难，科学得出的结论更是不定。这种在真理前的谦卑，似乎有慢慢走向道家的趋势。

下一个世纪的冲击力量

过去有许多人以为科学是万能的。牛顿时代的人们认为神是不存在的，或是神遭到质疑。神所规定的许多道德，就从那个时候开始受到挑战。

另一方面，儒家在东方，早已因为教条僵化而成为呆板的化石。事实上，儒家思想在明代即已僵化，到了清代仍不改僵化的本质。而现在所谓的儒学，只能停留在学术工作的课题或者教条的状态，完全失去了当初活泼的力量。但是儒家学说终究传承了几千年，一般人民也已习惯地接受了儒家的道德理念。

儒家僵化的问题在于，长期以来，正统权威总以威权力量压迫人民，故已不能具有说服力。

同样地，印度教的僵化状况也日益严重，只存在于礼节及仪式当中，而失去了理论的基础。儒家与印度教遇到基督教大举入侵的时候，根本无力抵抗。唯一的凭借，只有在当地流传多年所产生的文化惯性。

三大文化系统于此都发生了问题，以致令人无所适从。所以，我们干脆尝试从科技的发展来构建出一些较为实质的内容来。

其一，诚实。

其二，容忍。

诚实的另一面就是信任，也就是说，我对别人诚实，别人也对我有所信任。

容忍指的是彼此的容忍。就如同两个人走在一条路上，必须一人靠左，一人靠右，互相包容，否则寸步难行。此一譬喻，也可以引申解释为信任：我信任他会靠右，所以我就靠左。如果没有这一层默契，两个人岂不是又会撞在一块儿？从容忍又可以延伸到自尊，即我若存在，我当然希望自己能一直在这里；于是，我们将心比心，让别人也能存在。借由肯定自己，进而让别人也肯定自己，肯定他人本身的存在。如此，众人便皆能过上有自尊的生活。

人类普世新价值的可能性

以上这些自我认定的规范与儒家学说相契合，故可由儒家的基础出发来讨论所谓的价值观，也可以从实用的观点建立起我们新的道德系统，其内容与上述的三个系统并不会全然一样，却也不可能完全不同。新的体系必须能够说服人。我们必须从共同存在、共同经验的道德系统出发，建立合乎现实需要的架构。

因此，我们若要从日常生活中来架构与建立这样的价值观，便须首重信任。因为人与人之间如果没有信任，就没有语言的存在；如果没有语言的存在，就不会有交流，也不会有文明；没有了文明，社会便很难建立。

我们知道，所谓人际的社会，需要建立在信任的基础上。也就是必须假设别人讲的话是对的，以这样的互信为基础，社会才能顺畅地运作。

传统中国社会的慈善

中国人的理想中有一个大同世界，在大同世界里，幼有所长、壮有所用、老有所终，鳏寡孤独皆有所养，社会中的每一个人都要负起对弱者的责任。这和基督教世界由教会办慈善、伊斯兰教世界由清真寺办慈善不一样。

我今年（2022）92岁，已经跨过三个时代。[①]七八岁的记忆还如在目前。中国那个时代的社会公益是谁担起来？我想拿我的家乡无锡做个例子。

乾隆年间，我们家族从福建搬去无锡，自此落户生根，已有两百多年。无锡并不大，从这边城门走到那边城门只有几公里路而已。它是一个椭圆形的城，左右邻居走路即能相见。

但这个城很富庶。

“鱼米之乡”：粮仓、仓厅与丝堂

江南号称“鱼米之乡”，是中国稻米的最大生产地。从明朝开始，江南地区太湖周边的赋税就占全国赋税的1/4～1/3。除米粮外，丝绸是江南另一大经济来源。

米粮和丝绸，这两大产业的储蓄站皆在无锡。

无锡城外有个石头岛，叫黄埠墩。关于石头岛，有个奇怪的说法：石头岛永不沉没。水再大，淹不过它；水再小，它也就那么高。岛上面有几里长的粮仓。大水缸密密麻麻地

① 此为修订版更新内容。——编者注

排起来，中间拿泥糊住，没有老鼠，蛇也进不去，天上的鸟也不下来，因为没有吃的东西，地上寸草不生。

仓库里有几百万石的稻米，这就给无锡创造了一个特殊的条件：稻米的储藏在无锡，于是稻米的交易也在无锡。

储藏稻米的地方叫粮仓，交易稻米的地方叫仓厅。

仓厅的收入很高。仓厅给农夫贷款买种子、买农具，放出去的钱是零碎的，收进来的钱是大块的。农夫或者地主交米后不拿现款，开个折子，像存款一样。米价和米的数量都存在折子上，一年到头凭这个折子在酱油店买酱油，在服装店买服装，支持开销。

在这种经济状态下，无锡能剩余一大笔钱，地方赋税便是这么来的。

除了粮仓、仓厅，还有丝堂。无锡人养蚕作茧，作了茧抽丝，每年春天会持续两个月左右。各个小户将丝绸装在一起，卖给收货的人。丝堂跟仓厅一样，零付整收。

那时每家都养蚕。我们说的“小户”并不算小，一户人家的院子很大。我的祖母带着族里女眷，老老少少一起养蚕。养蚕的收入就是我们许家女眷的开销，包括嫁出去的女儿的脂粉钱、女孩子上学的学费和添妆做鞋的花费。

地方慈善：育婴堂、养老院、习役班与就业班

丝堂或仓厅有相当大的一笔存款。存钱太多怎么用？办现代企业。

中国现代机器厂、面粉厂、纺织厂等都在无锡发源。这些行当和企业支持地方的建设，无锡因此相当殷富。殷富之后，大部分款项用在地方。除日常起居之外，建城、修城、修马路、装电灯、装电话、掏河、救急、收留难民的费用都从这个款项里出。

这就是慈善事业。

谁在管慈善事业？是地方的绅士。不是因为他官大，也不是因为他有钱，能成为地方绅士，条件是他具有公信力。无锡最后一任绅士的领袖具有官衔，即商会董事长。商会里还有几位常务董事，均由地方推举，是推举而不是投票。大家彼此相识，一个人退休，大家推举另外一个人继任。

无锡商会最后一位常董是钱钟书的叔父钱孙卿。他曾在江苏省政府任职三年，余下时间便是地方的绅士。钱家代代皆是读书人，大学教授不计其数，钱孙卿的儿子、女儿是学者，弟兄是院士。

商会的第一要务是照顾老人、幼儿、孤儿、寡妇和无业

者。由此便催生了育婴堂、养老院。育婴堂、养老院中还有寡妇做事的寡妇堂，又叫守节堂。守节堂的寡妇闲时看家，有事时便被派至育婴堂、养老院以照顾老人小孩。

婴儿怎么来？育婴堂的门口放置小木头柜，从外面可以打开，从里面也可以打开。人们或因家里太穷养不起，或因不小心生了孩子不想要，便趁别人不注意，掀起盖子将孩子放入摇床里。摇床很暖和，底下是草灰，上面是稻草，再上面是棉花。来人将孩子放入木头柜，盖起来，留下孩子的生辰八字或姓名。

育婴堂不问来历，一直抚养孩子，男生姓华，女生姓夏，寓意“华夏”。育婴堂的孩子12岁便读完“三百千千”，即《三字经》《百家姓》《千字文》《千家诗》。

“三百千千”读完了，数学学会了，就开始做学徒，学手工等。哪个店家要学徒，就被派去，出师就可以做师傅。孩子的婚嫁由堂里主持，也给嫁妆，给聘金。但不许彼此婚配，担心双方可能是同一家的血脉。

除了育婴堂，还有养老院，收留孤苦伶仃或家里人口不多的老年人。从看病开始到送终为止，不要钱。家里人丁不多的有钱人捐钱维持养老院。院里的集体生活有来往，有交集，有休闲活动，有尊严。老人们住的不是通铺，而是两人一间，病重或身体不好的一人一间。院里的工作人员足够伺候老人。

育婴堂和养老院之外，还有一类慈善事业。

从我们家出发，穿过三四个街区，有一座宋朝便存在的大庙——南禅寺。南禅寺后面有大院子，院内搭棚，便是习役班、就业班。城里没有职业的男丁，但凡年龄不太大的，均可来这里与和尚一起吃斋。平日里，他们帮寺庙收拾菜园，种菜擦地，收拾东西。城里有事需要人丁，譬如婚丧嫁娶、修院子、夏天搭棚、冬天清雪，吆喝一声打个招呼，他们一下就被派出来了，都可靠。事后支付工资让他们维持生活。

商会的常董每年向城里的店家募捐。店家不能不捐钱，因为摊派得公道。各家是赚钱还是亏本，大家心里有数，派的是店家承担得起的。

最狠的一句话是：好，你今天不捐，明天我们照顾你好不好？送你到养老院去，送你到习役班去。这话损，人人都愿意捐，这是有面子的事情。

地方自治：无锡自卫队

无锡城里除了这些育婴堂、养老院、习役班与就业班，甚至还有自己的警察队和自卫队。平常这些队伍不出来，真要有军阀过境，自卫队便上城。

在武汉打响第一枪后，中华民国成立南京临时政府，无锡自卫队扩编成3000人。当时，第一个抵达的便是无锡自卫队，担当孙中山官邸外面的第一个卫队，直到常规部队到达。

组成这3000人自卫队的是各行各业的年轻伙计。他们由工厂、店铺派遣，年轻人自告奋勇，做后备也可以。自卫队的维持费、训练费、服装费都由商会捐款。

至于城墙修补、修马路、和掏泥，这些活儿统统由商会派人做。农闲时，商会雇用农夫及劳工来做公共事业、公共工程。人无闲丁，街无闲人，人都有活，都有所养。这些都由地方来管，没有动用公家一分钱。

我祖母是念佛会的副会长，人们看哪个老太太有好儿子，出得起钱，便让那老太太吩咐儿子捐钱，儿子没有不捐的。捐款用于寺庙、尼姑庵、道观、孤儿院。念佛会也做事，还会在腊八时放粮食。

商会办公怎么办？无锡有个公园叫公花园，是中国第一个民间办的公园。清末革新时，一个大人将自己的私园，也就是我姑妈家的花园捐出来充当公花园。人们在里面溜达、喝茶、养鸟、闲逛。

公花园里有两个茶馆，一大一小。大茶馆是喝茶的，小茶馆是办公的。小茶馆前面是大厅，后面有两个房间，其中大的一间里面坐的是有头有脸的绅士，小的一间里面坐的是商会成员。

遇到排难解纷这类公事，大家到绅士的大房间里分科办事，商量出解决办法后，到常董的房间讨论敲定。平日里处理的事情有排难解纷，解决公事。所以那时的无锡县县长很闲，他没有发言的余地。这就是地方自治，地方公益。

教育公益：绅士办学

无锡的例子是不是独有的？不是。

我读了北京大学教授张广达的论文集，里面讲他的老家——天津卫旁边的青县。青县城内城外共有不到20万人，至多是无锡人口的1/3。400年来，青县大概出了两三百个突出人物、四五百个秀才，绅士人数跟无锡不能比。两个地方谁也没学谁，但两个地方自治的办法差不多。

别的不论，讲讲教育。

现代学校出现以前，通行的是几家人合办私塾。现代学校出现后，私塾学堂合为小学。几家小学合起来，或者几户人家捐钱，就办个中学。

我在辅仁中学念书，高中有3个班，初中有6个班，共有200人左右，学校是十七八户人家的私塾。教员是这几家的子弟，他们在上海上过学，譬如圣约翰大学、南洋模范中学和上海交通大学等。学生也是这几家的子弟，是自家人教自家子弟。

高二下学期，我离开无锡来到上海，之后又到台湾上高三下学期，继而考取台北大学。在台湾，我基本不用学高三下学期的课，因为我高二的功课就比它深。考台大时，那些考试题目不算什么。这就是绅士们合办学校的教学水平。

在绅士办的学校里念书，最后大家上了北京大学、清华大学、上海交通大学、圣约翰大学、金陵大学、武汉大学或中山大学。家家户户的子弟上的都是这些学校，很少有例外。

无锡有个私立的国学专修馆，文化教育水平非常高，大概相当于博士院。钱孙卿的双胞胎哥哥就在国学专修馆教书。学问不是从大学学来的，而是看了几千本书得来的。

教育是公益的事情之一，青县和无锡的做法差不多。

生活共同体：守望相助，生死与共

抗战时期，我们许家大半时间待在湖北北部一个叫老河口的地方。

老河口下面有个村子叫吴家营，有一百多户人家。我是不能走路的，因为不上学，村子里的事我看得清清楚楚。母亲要忙家里的事，工人帮忙把我放在推磨的磨盘上。我在磨盘上做旁观者，看田怎么种，看车水怎么车，看牛、马、驴怎么养。

村外靠近河口边有个棚子，棚子里有个渡船的船夫，前面有个庙叫三关庙，“三关”的意思是天关、地关和水关。这两个地方中间有一块地，用来种药材和地瓜。

地瓜是公粮、救急粮。穷人穷户，每天挖点生地瓜便能吃饱一顿饭。过路的穷人、旅客，也被允许挖地瓜。棚里有一个烧水的老头，由村里供养，为了给过路人茶喝。

药材也有用处。汉水边的土是沙土，这是头等的好土，水分够，能长各种药材：当归、茯苓、何首乌。药材是武当山的下院种的，由棚子里的老头照顾。武当山的老道们隔一阵采一点药材，带回山里烘焙制作。

湖北各处街市上、大村子里都有武当山的下院。街市上的下院也叫联络站。需要时吆喝一声，武当山的人就来了，要人有人，要钱有钱，要医生有医生。这是另外一种形式的地方自治。

村子里需要照顾的人家不过一二十家，都由全村人承担。谁家老牛不能耕地，又买不起牛，大家便凑份子帮他买牛，他在十年里偿还。

这类生活共同体堪称守望相助，生死与共。这不是无产阶级道德，也不是什么先进的道德，而只是因为自己身在其中。美国绅士只捞钱不花钱，中国绅士则是真掏钱，这就是中国邻里乡党互助合作的基本单位。

我对中国现在的高度都市化有点意见。邻里乡党的小社区被糟蹋掉了，搬到城里去的人重新聚合，没有几百年的交情，没有知根知底的体贴，互助便办不起来。

我的爷爷一辈子喜欢数学，研究数学，很穷，但是不想考科名，也不去做活。我的曾祖父看这个儿子好学，没办法。爷爷本身是秀才，可医学很好，每年到四乡八镇去给人看病。所以我家里虽然很穷，也没有科名，但声望很高。

曾祖父时期，太平天国屠城，屠掉了1/3的人口，我家死了38人，一蹶不振。城内大受打击，仓厅及米仓无人管理。当地人认为我爷爷为人公正，认识的人多，又能干，便让他来管。

仓厅的钱是要还给卖粮的农户的，所以我爷爷不乱花钱，也不收工费以外的钱，尽管过手几百万上千万两的银子，但他和小商店里的老板、伙计、学徒一样，拿几百吊钱过日子。

这是中国的绅士。风声雨声读书声，声声入耳；家事国事天下事，事事关心。

问答录

请谈谈儒家思想的僵化。

儒家思想的僵化始于明代。在明代僵化的原因，在于没有办法从旧的理论当中，翻出新的内容。儒家的思想发展至明清，已经再无法以理论来令人信服，故只能以师长的力量与科举的方式来灌输教条。

儒家思想经过一代又一代的扩充与修改，到王阳明的时代，内容就已经相当丰富了，可是后来却又坠入僵局，而且愈来愈僵化，为什么？

一般而言，大致上分为两个因素：

其一，外在的因素是政治权威的强大。

其二，内在的因素则是争执到最后，所有的人开始倾向于引经据典，无形中经典已成为新的权威了。这种状况，可以说是异化之后的反效果。

内外两个因素交缠在一起，也难怪儒学会僵化了。明末以后的读书人，都把精力放在考证上面，把证明“经典是对的”当作唯一要务。

由于旧的文化体系已然崩溃，而且崩解的速度非常快，但新的社会价值及伦理规范却尚未建立，这样会不会形成无法依循的状况？

无序的现象在目前的确随处可见，许多乱象都让人困惑迷惘，也已经没有什么可以相信的力量。所有的道德体系，都被认为是教条，而不再具有规范的作用。

由于没有拘束的力量而发生乱象，这是在每个时代都会发生的状况。历史上，有若干时期就是处于旧的规范已遭到质疑，但新的价值观念却尚未建立，以致形成混乱与脱序的状态。我们目前所处的时代，就是这样的。

随着科学的发展，许多定律不断地被发现，是不是还会有神秘主义的情形发生?

有一位现代的严谨科学家，不愿意接受任何宗教，因为他认为那都是人类自己编造出来的神。但是，相对地，他却会有颗虔诚的心，为什么呢?

其一，当他看见实验出来的结果，与他们运用数学原理推演出来的理论，几乎一模一样的时候，他相信世界的运作是有其秩序性的，虽然以我们有限的智慧及力量，根本无法了解这主宰何在。

其二，世界上有许多东西这么美，例如六角形、螺旋状，这些到底是如何产生的呢?当初没有人能够以有序的状态呈现基因的排列，无论怎么看，它都是一团混乱。而没办法排列，就无法研究。但有一位研究人员，突然在研究出某个结果之后，仿佛天启般，发现了这双螺旋的排列形状，问题因此迎刃而解。

然后，我们再度回到六角形的说法。六角形是个漂亮而且包容各种形状和规则的东西，这又是怎么产生的呢?

由以上两个例子，我们可以知道，自然界有某些东西是有秩序的，只是我们无法理解，于是我们更应该对世界有颗谦卑、虔诚的心，同样地，还要有欣赏这世界之美的能力。

爱因斯坦就作如是观：美是秩序，凡是可以化约为简单原则的事物都是美的，因而天地自然，无一不美。

而杨振宁先生曾形容他的一位同事研究的科学成果，是“明澈如秋水”，请注意，他并没有用科学的名词来形容，而是用一种文学的方式来形容他对这科学研究之美的感受。这一譬喻本身就仿佛走进了某种神秘主义的境界。因为我们无法完全找到宇宙间的那种终极秩序，充其量也只能做到极为接近而已。如果我们自认已走到终点，那么，人岂不是跟神没两样了吗?

儒家体系在许多民间人士的心中已经根深蒂固，实践得很自然了，那么，又何必再建立什么体系呢？只要实践不就好了吗?

许多实践基本上是虚伪的，他们口头上说实践，其实完全不是那么一回事。真正做到实践的人，往往是在自然而然、耳濡目染的状况下实践的，靠着以前流传下来的巨大力量，他们不见得懂得儒家的东西，不见得读过儒学的东西，他们甚至很可能根本不识字，但是他们真正实践了儒家的道理。

这就是所谓惯性的流传，只要中间有一个环节断裂了，可能就无法延续。因此，理论架构的建立有其必要性，要自成一套系统，才能够说服别人，让非儒家体系的人也能够了解。

佛教的思想其实来自个人的修养，而基督教一切以神为皈依。相形之下，佛教应该是比较自由的东西，那为什么自由民主的制度，却是发生在西方？

西方自由民主的观念，包含如此假定：人的地位如此之高，不容许世俗的力量干涉，因为他们的权利来自神的赐予。

当今欧美的民主思想并不是来自古希腊、古罗马，而是来自基督教。古希腊、古罗马的权力，其实是一种部落权。罗马帝国崩解了，宗教力量因而兴起。中世纪的欧洲，甚至认为连国家的权力都来自教会的赐予。

民主政体的另一个源头，则是北欧的蛮族，他们是最后一批进入欧洲各地的蛮族。他们的社会结构，其实与部落很像，只要是执干戈以卫社稷的人，就有发言权。这是一种相当素朴的民主主义。然后，他们与基督教文明相结合，形成天赋人权的学说：人有参政权，而这参政权是神所赋予的，所以美国宪法的最后依据是上帝。

总而言之，部落民主的传统，结合了宗教的力量，也形成了所谓的民主。各种宗教其实都有一种不可知的道理，所呈现出来的也都只是现象。

佛教确实是没有神的。所谓佛，其实其地位应该是觉醒者，不单自觉，还觉醒别人。佛教当初在印度，是一股改革的力量。佛教的僧团大概在公元前300年左右出现，力量非常强大，一度兴盛的时候，和尚就是人上之人。佛教得势，便不免腐败，因而走向衰微。然而佛教离开印度，却在中国复活了。

真正的佛教是不崇拜神的，禅宗就有呵佛骂祖的传统，认为神像不过是座雕像，不是真正的神。佛教初传入中亚地区时，当地有一个源自西亚的救赎之主观念，就是“生命在冬天死去，春天复活”，主宰这自然循环与救赎的神，最后却演变成基督教的救世主（就是弥赛亚）。佛教传入中亚后与其合并，于是就出现了弥勒佛，它是最早的救世主。中国后来又创造了观世音，以母亲的形象来救赎众生。

佛教的终极道理就是，一切宛如过往云烟，根本没什么值得执着的。佛陀本来是个印度王子，他选择在他的国家困厄的时候离开，同时也抛弃了他的爱妻与稚子。换言之，其实这也是舍弃了虚幻的人生。

假若如您所说，上层文化已经到了僵化的地步，而下层却又不明所以，如果真要找出一条新路，那么希望究竟在哪里？

如果环境不变，我们在同样的行为标准和价值标准之下，耳濡目染是相当容易的，所谓的“蓬生麻中，不扶而直”就是这个道理。但我们目前很难建立起新的价值体系，其实是因为有两个毛病：

其一，我们有太多人对自己文化领域之外的学问过于有兴趣，于是传统文化的传承不如过去。只有在僻远地区的百姓才安土重迁，一代又一代地延续文化。

其二，外界的东西，如电影、流行歌曲、文学作品……以排山倒海之势袭来，其实已深深地影响了年青一代。年轻人还来不及学习自己文化的价值，就已经被这些外来的大众文化感染了，这就是最大的危机所在。

我们首先必须知道文化中一些价值观念的道理，再经由理性的思考，阐释自己文化的内容，构建出这个时代的信仰。尤其只有家庭与社会教育的加强，才能真正重建有意义的价值系统。还要融合各家各派的思想，进而对儒家思想进行进一步的思辨，这便是最重要的功夫。

近些年来，生物科技、医药都相当发达，克隆技术、电脑科技的发展所引发的伦理困境一再出现，使人的存在出现了危机，也引发了相当大的争议。试问，我们的未来该怎么办？

科技给了我们许多力量，同时也增加了许多不该有的动力，就像打开了潘多拉的盒子一样，未知的东西是好是坏，完全无法预料。如果是坏的，也往往会出乎我们预料地坏。

医药科技发展到这种地步，的确将许多不应该留存的要素也都留下了。人类能活到八九十岁，已经不是什么难事，但生命品质却变得极不相称。那又有什么意义呢？

学术界专注在研究学问本身，有时会与现实人生脱节，知识的确是无边无际的，但若无法落实在生活上，一切也都纯属枉然。所以，学术界的问题也很大。

由于资讯的过度发达，我们几乎被知识淹没了，我们曾拥有知识，但是又往往不能掌握知识。举个例子来说，用电脑检索资料，只要输入一个关键字，所有与这个字有关的信息，就排山倒海而来；若没有上下文的背景，我们所阅读到的就只是一堆资料而已。读书须经过一点一滴地累积，才会有自己的一套组织方式。在一堆资料中要酝酿很久，就像酿酒一样，然后才会有领悟，将资料转化为自己的知识，所以说读书是急不得的。

现在有无穷的知识等待被追寻与吸收，此外又有资讯工具来协助，方便处理知识。因此，如何转化、善用这些东西，才是真正严肃的课题。将资料转化为知识是一回事，再将知识转化为智慧，则又是另一阶段的提升。

如刚刚所说的，想要排除知识爆炸的干扰，我们在教育下一代的时候，应该怎么办呢？

台湾地区的教育问题非常多，改革教育的理想在台湾根本无法落实。大学生们基本上已经受害太深，若想要改变，还得从基础教育着手。

我最喜欢的教学方式，其实还是在研究室里，与学生一对一地聊天，而且完全不设定主题；即使是在上课的时候，我往往也会留一半的时间让他们讨论。对我而言，教授资料是不重要的，因为那是可以自己去找的。知识的解释，才是真正重要的工作。

教育的目的，其实就是找出一条路来。一般而言，对孩子的教育，应该是定出大规范，然后就让他们自行发挥。

您心目中的中国文化是什么样的形态？

我心目中的中国文化，是儒家和道家的结合，再由此确定一些道德观念与方式。至于表演文化，只能算是文化活动，而不是文化的本质。

在台湾地区，所谓的文化，常指的是文化活动，以为办些流水席式的东西，就是文化节。真正的文化活动，应该是以寻找安身立命之处为使命。

刚刚您也提到，真正对儒家思想的落实，往往是一些惯性的流传，是不是道德教育无法在学校教育中流传？或者它是没办法以教科书的方式呈现的？又或者这只是技巧上的问题呢？

开展道德教育，单用教科书是没用的，尤其是不能以威权来强迫孩子接受这样的灌输。当然，这种思想的传授是有技巧的，要以很自然的方式来教授，最好的办法就是以身作则，以理相劝。但是，我们的教师，却很少从这方面着手。他们认为自己就是在传授知识，所谓的授业而已，还根本谈不上传道解惑。

我的孩子就在这样的环境中长大，用家庭教育来补充，真的就足够了吗？

说实话，这是很困难的，必须多投注一些心力下去。毕竟，你与孩子的亲密程度，远远超过学校中的师生关系。父母在日常行为上的榜样，对孩子的身教之效力千万倍于书本的教诲。

在这样求学的过程中，父母也不应介入太多，以致剥夺了孩子主动与自动学习的积极性，而无法发展出孩子自己的性向。父母应该在教育孩子上着力，而不是替他做太多决定。

我们的学生，一般而言在数学上的水平都比外国的孩子要高，您认为，这意味着什么？

平心而论，现在的问题在于，每一个学科都可以单独读得好，但各科知识之间彼此互不相关，无法融会贯通。就拿数学来说好了，数学其实是一种思考生活的方式，同时也是其他学科的基础。但如果仅仅是将数学当功课，而不知如何应用的话，也是枉然。因此，如果不能转化成观念，书读得再好也没有用。从小到大一直都很优秀的人，如果他不能培养出自己的观念，而只是照着制度化的路程前进的话，往往也创造不出什么成绩来，而且，很容易一折即断，丝毫经不起挫折的考验。

您之前在采访里提到，您那代人是提出问题的人，我们这一代人要尝试解决问题。80后及90后身处疫情时代，面对全球地缘政治等剧烈变革，个体也面临精神层面的问题。我想请教许老师，我们该如何去回应或有效地推动社会的发展？

各位是企业从业人士或有志进入企业办事业的人。美国在很短的一段建设时期，尽管工厂主与工人之间有矛盾，但也有良心工厂主，比如卡耐基。他在工厂里建设工人住宅区，照顾雇员的生活，承担他们小孩的教育、老人的赡养、卫生、医护、借款等所有的事情。后来企业越来越复杂，越来越发达。

今天美国真正的富豪之家，只见账户上的数字，看不见劳工。

中国民营企业刚出现时，也不知道怎么办。在这一点上，我们不得不佩服日本人，日本人将公司称为“会社”，会社的正式工人会得到一辈子的照顾，包括他的小孩。老辈退休，小孩接上去，世世代代做下去。

日本的工业化时代衔接当年的封建时代，当地的每个小贵族、武士都有封户，转化成工商业主以后，他视底下的工人为子民。

我今天不让你们把工人当子民看，而是把他们当子弟看，照顾他们一辈子。工会向来有医保，但只有工会不够。我亲眼看见美国工会从服务性质变成啃自己人骨头的样子。

假如你办企业，我盼望你能够做一个工人的村子，叫劳动村或者同仁村。照顾工人的衣食起居，照顾患有疾病或被忧患困扰的工人，用低利率的贷款支撑他们度过困难的日子。像我，我有残疾，找个劳工来照顾，一小时要28美元，这种价格劳工人家付得起吗?

如果马云的阿里巴巴做个“阿里村”，有便宜的住宅，租而不卖，有工作的设备，安全且有人照顾老幼，那么功德无量。日本有一家企业叫“松下”，内部设立了松下塾，但不是供人念书的，是定期和不定期举办讲习班的。讲习班让雇员知道什么是人生的意义，什么是价值，什么是为人，什么是为己。

松下的创办人是松下幸之助，他的阅读涉及禅宗、道家、基督教的原教义与儒家。他的人生信条是两个字：拙（笨拙的拙），勤（勤奋的勤）。

雁群有头雁，马群有头马，你要做个头，就需辛苦一辈子。